COLLECTION MINI BIBLE

La mini bible des verrines

Recettes et photos de Sylvie Aït-Ali
http://www.amusesbouche.fr

EDITIONS ESI

60, rue Vitruve, 75 020 Paris

Imprimé en Italie par Gruppo Editoriale Zanardi à Maniago
– Dépôt légal : août 2011 – Achevé d'imprimer : juillet 2011
ISBN : 978-2-35355-849-0 – N° Sofédis : S479919

sommaire

sommaire

Anguille fumée en salade

Préparation : 30 minutes • Cuisson : 30 minutes • Difficulté : ★ Budget : ★★★

Pour 4 verrines

- **4 pommes de terre**
- **2 échalotes**
- **Ciboulette**
- **2 cuil. à soupe d'huile d'olive**
- **1 cuil. à soupe de vinaigre balsamique**
- **2 tomates**
- **¼ de concombre**
- **200 g de filets d'anguille fumée**
- **90 g d'œufs de saumon**
- **Sel et poivre**

Épluchez et coupez les pommes de terre en petits cubes. Faites-les cuire à l'eau (ou au four à micro-ondes) pour qu'elles soient cuites mais pas trop longtemps pour qu'elles conservent un peu de fermeté.

Égouttez et ajoutez les échalotes et la ciboulette finement ciselées, assaisonnez avec 1 cuil. à soupe d'huile d'olive et ½ cuil. à soupe de vinaigre pendant que les pommes de terre sont encore chaudes. Réservez.

Coupez les tomates et le morceau de concombre en petits cubes, ajoutez 1 cuil. à soupe d'huile, 2 cuil. à soupe de vinaigre, du sel, du poivre et de la ciboulette finement ciselée.

Placez un filet d'anguille sur la paroi de la verrine en diagonale. Versez la salade de tomates et concombre au fond des verrines.

Coupez le restant de l'anguille en petits morceaux, ajoutez-les aux pommes de terre et mélangez. Ajoutez les œufs de saumon délicatement pour ne pas les écraser.

Répartissez les pommes de terre dans les verrines et servez.

Aspic de queues d'écrevisse au vinaigre balsamique

Préparation : 30 minutes • Repos : 1 heure • Cuisson : 13 minutes
Difficulté : ★ Budget : ★★★

Pour 4 verrines

- **150 g de lentilles corail**
- **1 échalote**
- **100 g d'asperges vertes en bocal**
- **30 queues d'écrevisse**
- **8 cl de vinaigre balsamique blanc**
- **2 cuil. à café de sucre**
- **1 cuil. à café d'agar-agar**
- **Sel**

Faites bouillir de l'eau salée dans une casserole et plongez-y les lentilles préalablement rincées. Laissez cuire 12 minutes. Égouttez et laissez refroidir. Ajoutez l'échalote finement émincée.

Répartissez les lentilles dans les verrines.

Coupez les pointes d'asperge et placez-les en couronne sur les lentilles. Déposez à leur tour les queues d'écrevisse dans les verrines.

Versez 30 cl d'eau, le vinaigre et le sucre dans une casserole et portez à ébullition avec l'agar-agar. Faites bouillir 1 minute et laissez tiédir.

Versez dans les verrines avant gélification. Placez au frais au moins 1 heure.

Décorez d'une pointe d'asperge et de 2 queues d'écrevisse.

Conseil : vous pouvez remplacer l'agar-agar par 2 feuilles de gélatine que vous ferez ramollir dans l'eau froide.

Bavarois de tomates au basilic

Préparation : 30 minutes • Cuisson : 5 minutes • Difficulté : ★★ Budget : ★

Pour 4 verrines

- 150 g de ricotta
- 2 cuil. à café de confit de tomates séchées
- 12 feuilles de basilic
- 8 cl de crème liquide entière
- 16 tomates cerise
- Huile à frire

Travaillez la ricotta à la fourchette pour l'assouplir.

Ajoutez le confit de tomates séchées et 4 feuilles de basilic ciselées.

Montez la crème très froide en chantilly et incorporez-la délicatement à la ricotta.

Coupez des rondelles de tomates cerise et appliquez-les sur le bord des verrines. Coupez le reste des tomates en morceaux.

Versez 1 cuil. à soupe de mousse à la ricotta dans les verrines, les morceaux de tomates et couvrez le tout de mousse. Placez au frais.

Chauffez à feu doux le bain d'huile et plongez-y les feuilles de basilic parfaitement sèches. Elles doivent devenir transparentes mais pas colorées. Baissez le feu si nécessaire.

Placez les feuilles de basilic frites sur le bavarois de tomates au moment de servir.

Beignets de crevettes et purée de mangue

Préparation : 30 minutes • Repos : 1 heure • Cuisson : 10 minutes
Difficulté : ★★ Budget : ★

Pour 4 verrines

- **1 mangue bien mûre**
- **200 g de farine**
- **½ sachet de levure chimique**
- **1 cuil. à soupe d'huile de tournesol**
- **1 œuf**
- **12 crevettes roses**
- **Huile à frire**
- **Sel**

Épluchez et coupez la mangue en morceaux que vous réduirez ensuite en purée. Versez cette purée dans les verrines.

Mélangez la farine, la levure, le sel et l'huile. Ajoutez 10 cl d'eau tiède puis l'œuf battu en omelette. La pâte doit être épaisse mais fluide. Si elle est trop liquide, ajoutez de la farine. Laissez-la reposer au moins 1 heure.

Décortiquez les crevettes en conservant bien l'extrémité de leur queue. Chauffez le bain d'huile. Plongez les crevettes dans la pâte en les maintenant par la queue restante. Jetez-les dans l'huile bouillante et laissez-les dorer. Sortez-les de l'huile et laissez-les égoutter sur du papier absorbant.

Placez les crevettes sur le bord des verrines et servez aussitôt.

Betterave dans tous ses états

Préparation : 40 minutes • Repos : 1 heure • Difficulté : ★ Budget : ★

Pour 6 personnes

- **3 betteraves cuites**
- **150 g de chèvre frais**
- **15 cl de crème liquide entière**
- **1 cuil. à café de cumin en poudre**
- **300 g de fromage blanc**
- **3 cuil. à soupe de crème fraîche épaisse**
- **1 gousse d'ail**
- **Ciboulette**
- **Persil**
- **1 betterave crue**
- **Sel et poivre**

Coupez 6 tranches fines de betterave cuite et découpez dedans des formes (feuilles, étoiles…) à l'aide d'un petit emporte-pièce. Collez-les sur les parois des verrines, d'un seul côté.

Coupez 180 g de betterave cuite en dés et placez ceux-ci dans les verrines.

Mixez 300 g de betterave cuite avec le fromage de chèvre frais et la crème liquide. Utilisez un mixeur plongeant pour bien émulsionner le mélange.

Salez, poivrez et ajoutez le cumin.

Versez cette crème mousseuse dans les verrines et placez au frais 1 heure.

Mélangez le fromage blanc, la crème épaisse, l'ail réduit en purée et les herbes ciselées. Salez et poivrez.

Versez cette crème dans les verrines et placez au frais.

Au moment de servir, décorez les verrines de betterave crue râpée.

Brochettes de melon et poivron mariné

Préparation : 30 minutes • Repos : 1 h 10 • Cuisson : 15 minutes
Difficulté : ★★ Budget : ★

Pour 4 verrines

- **1 poivron vert**
- **1 gousse d'ail**
- **Persil**
- **2 cuil. à soupe d'huile d'olive**
- **1 melon**
- **Sel**

Coupez le poivron en deux, retirez la queue et les graines. Coupez chaque moitié en 8 lamelles que vous poserez sur une plaque de cuisson recouverte d'une feuille de papier sulfurisé, peau vers le haut. Vous pouvez couper un peu les extrémités pour les rendre plus stables.

Faites chauffer le gril du four à 220 °C (th. 7-8) et placez les morceaux de poivron dessous pour 15 minutes environ.

Quand la peau commence à cloquer et à noircir, placez les morceaux dans un sachet congélation pendant 10 minutes. Vous pourrez ensuite retirer la peau et placer les morceaux dans un plat.

Salez, ajoutez l'ail finement haché, du persil haché et arrosez d'huile d'olive. Couvrez d'un film alimentaire et laissez reposer 1 heure.

À l'aide d'une cuillère parisienne, prélevez des billes de melon.

Roulez les lamelles de poivron sur elles-mêmes, placez-les sur des piques en alternant avec les billes de melon.

Mettez quelques morceaux de poivron mariné au fond des verrines et placez les brochettes. Servez bien frais.

Brochettes de Saint-Jacques

Préparation : 20 minutes • Cuisson : 2 minutes • Difficulté : ★ Budget : ★★

Pour 6 personnes

- **1 mangue bien mûre**
- **18 noix de Saint-Jacques**
- **Beurre**
- **1 cuil. à soupe de persil**
- **3 tranches de bacon**
- **Sel et poivre**

Épluchez et mixez la chair de la mangue.

Placez 2 cuil. à soupe de mangue mixée par verrine.

Faites dorer les noix de Saint-Jacques dans le beurre 1 minute sur chaque face. Saupoudrez-les de persil, salez légèrement et poivrez.

Placez les noix de Saint-Jacques sur des petites brochettes en les entourant partiellement de lamelles de bacon.

Servez aussitôt ces petites brochettes accompagnées de purée de mangue.

Brouillade aux crevettes

Préparation : 15 minutes • Cuisson : 10 minutes • Difficulté : ★ Budget : ★

Pour 4 verrines

- **8 œufs**
- **1 cuil. à soupe d'huile d'olive**
- **Tabasco**
- **2 cuil. à soupe de crème fraîche épaisse**
- **10 brins de ciboulette**
- **100 g de crevettes roses (cuites et décortiquées)**
- **4 tranches de pain de mie**
- **Sel**

Cassez les œufs dans une casserole, battez-les en omelette, salez, ajoutez l'huile et éventuellement 1 goutte de Tabasco.

Placez la casserole au bain-marie et mélangez sans arrêt à l'aide d'une cuillère en bois.

Au bout de 5 à 6 minutes, la brouillade va commencer à prendre, ajoutez la crème, la ciboulette ciselée (gardez-en pour la décoration) et les crevettes cuites et décortiquées. Finissez la cuisson en continuant de mélanger jusqu'à l'obtention d'une consistance onctueuse.

Versez dans les verrines. Décorez de brins de ciboulette et servez avec du pain toasté.

Calamars à la provençale

Préparation : 45 minutes • Cuisson : 10 minutes • Difficulté : ★ Budget : ★★

Pour 6 verrines

- **300 g de fromage blanc**
- **2 cuil. à soupe de persil haché**
- **3 gousses d'ail**
- **2 poivrons marinés**
- **2 cuil. à soupe de coulis de tomates**
- **300 g de calamars**
- **1 cuil. à soupe de margarine**
- **Sel et poivre**

Mélangez le fromage blanc avec 1 cuil. à soupe de persil, 1 gousse d'ail finement hachée, salez et poivrez. Répartissez le tout dans les verrines.

Taillez les poivrons en petits morceaux, mélangez-les au coulis de tomates et ajoutez ce mélange aux verrines.

Coupez les calamars en dés et faites-les dorer dans la margarine 3 à 4 minutes. Ajoutez 2 gousses d'ail finement hachées, 1 cuil. à soupe de persil, salez et poivrez. Poursuivez la cuisson quelques minutes.

Placez les calamars dans les verrines et conservez au frais jusqu'au moment de servir.

Conseil : pour obtenir des calamars tendres, la cuisson doit être soit très courte, soit longue (45 minutes) ; entre deux, ils deviennent caoutchouteux.

Cappuccino de cèpes

Préparation : 30 minutes • Cuisson : 50 minutes • Difficulté : ★★ Budget : ★★

Pour 6 verrines

- **500 g de cèpes**
- **3 échalotes**
- **Margarine**
- **70 cl de bouillon de volaille**
- **25 cl de crème liquide entière**
- **1 cuil. à soupe de sésame**
- **Persil**
- **Sel et poivre**

Nettoyez les cèpes et coupez-les en gros morceaux.

Faites revenir, dans une cocotte, les échalotes hachées finement dans la margarine pendant 1 à 2 minutes, sans les laisser se colorer.

Ajoutez ensuite les morceaux de cèpe, faites suer 5 minutes, puis ajoutez le bouillon de volaille. Salez et laissez cuire à feu doux 45 minutes.

Mixez le tout en laissant quelques morceaux, puis incorporez 15 cl de crème liquide. Rectifiez l'assaisonnement.

Fouettez le restant de crème en chantilly avec une pincée de sel.

Versez le velouté de cèpes chaud dans les verrines, puis déposez la chantilly à l'aide d'une poche à douille.

Faites griller quelques graines de sésame et décorez-en les verrines avec un brin de persil. Servez aussitôt.

Conseil : vous pouvez préparer le velouté et la chantilly à l'avance et les conserver au frais. Vous n'aurez plus qu'à réchauffer doucement le velouté et à dresser vos verrines au moment de servir. Il est possible de remplacer la moitié des cèpes par des champignons de Paris.

Cappuccino de potiron

Préparation : 30 minutes • Repos : 1 nuit • Cuisson : 40 minutes
Difficulté : ★★ Budget : ★

Pour 6 personnes

- 100 g de lardons
- Margarine
- 20 cl de crème liquide
- 1,5 kg de potiron
- 3 carottes
- 1 cube de bouillon de légumes
- 3 cuil. à soupe de crème fraîche épaisse
- 1 cuil. à café de graines de pavot
- Chips de vitelotte
- Sel et poivre

La veille, faites rissoler les lardons dans un peu de margarine. Mettez la crème liquide dans un petit saladier avec les lardons après avoir éliminé la graisse en trop. Filmez et laissez reposer une nuit au frais.

Épluchez et coupez en morceaux le potiron ainsi que les carottes. Placez-les dans une grande casserole et couvrez d'eau. Ajoutez le cube de bouillon et laissez cuire 30 minutes.

Filtrez la crème et ajoutez les lardons au potiron.

Versez la crème liquide dans un siphon, fermez-le et introduisez une cartouche de gaz. Secouez et réservez au frais.

Mixez le mélange légumes-lardons, ajoutez 3 cuil. à soupe de crème fraîche épaisse et assaisonnez. Laissez cuire encore 5 minutes puis versez dans les verrines.

Secouez le siphon, puis déposez un gros nuage de chantilly sur la crème de potiron.

Saupoudrez d'un peu de graines de pavot et décorez de chips de vitelotte. Servez aussitôt.

Conseil : vous pouvez monter la chantilly au batteur si vous ne possédez pas de siphon mais elle sera beaucoup moins aérienne.

Carpaccio de Saint-Jacques sur mousseline de céleri

Préparation : 30 minutes • Cuisson : 25 minutes • Difficulté : ★ Budget : ★★

Pour 4 verrines

- **200 g de céleri-rave**
- **50 g de pommes reinette**
- **1,5 cuil. à soupe de crème fraîche épaisse allégée**
- **2 cuil. à soupe d'huile d'olive**
- **Persil**
- **12 noix de Saint-Jacques**
- **20 g de graines germées de poireau**
- **Sel et poivre**

Coupez le céleri-rave en dés, mettez le tout dans une casserole et couvrez d'eau.

Laissez cuire 20 minutes, puis ajoutez la pomme coupée en dés et laissez cuire 5 minutes supplémentaires.

Égouttez et mixez avec la crème pour obtenir une mousseline homogène. Ajoutez 1 cuil. à soupe d'huile d'olive, quelques feuilles de persil et salez. Réservez.

Placez les noix de Saint-Jacques sur du papier absorbant et coupez-les en fines tranches (3 ou 4 selon la taille des noix). Placez-les sur une assiette et versez dessus 1 cuil. à soupe d'huile d'olive. Salez et poivrez.

Répartissez la mousseline dans les verrines, puis déposez les tranches de Saint-Jacques en rosace.

Finissez de décorer avec les germes de poireau. Réservez au frais.

Champignons à la grecque et taboulé

Préparation : 45 minutes • Cuisson : 35 minutes • Difficulté : ★ Budget : ★

Pour 6 personnes

Pour le taboulé

- 300 g de semoule
- 2 tomates
- 1 oignon
- 100 g de maïs en boîte
- Coriandre
- Persil
- Huile d'olive
- ½ citron
- Sel et poivre

Pour les champignons

- 500 g de champignons de Paris
- 20 cl de vin blanc sec
- 5 cl d'huile d'olive
- Le jus de 1 citron
- 8 petits oignons blancs en bocal
- Sucre
- Concentré de tomates
- Herbes de Provence
- Sel et poivre

Préparez le taboulé : faites cuire la semoule et réservez-la au frais. Quand elle est froide, coupez les tomates en tout petits morceaux, puis mélangez ceux-ci à la semoule. Ajoutez l'oignon finement haché, le maïs, les herbes ciselées, salez et poivrez.

Arrosez de 3 cuil. à soupe d'huile d'olive et 2 cuil. à soupe de jus de citron. Réservez au frais.

Préparez les champignons : nettoyez-les et frottez-les avec du papier absorbant.

Dans une casserole, mettez le vin blanc, l'huile, le jus de citron, les oignons, 1 cuil. à soupe de sucre et laissez cuire 5 minutes.

Ajoutez les champignons, 1 cuil. à soupe de concentré de tomates, 2 cuil. à soupe d'herbes de Provence, salez et poivrez. Couvrez et faites cuire 20 minutes puis laissez refroidir.

Répartissez le taboulé dans les verrines puis couvrez de champignons. Réservez au frais jusqu'au moment de servir.

Chèvre chaud et poires au romarin

Préparation : 20 minutes • Cuisson : 2 h 20 • Difficulté : ★★ Budget : ★

Pour 6 verrines

- **2 cuil. à soupe de miel**
- **Romarin**
- **4 poires**
- **6 petits chèvres frais**
- **Huile d'olive**
- **Fleur de sel**

Pour les cristallines de poire

- **1 poire**
- **Sucre glace**

Préchauffez le four à 110 °C (th. 3-4).

Préparez les cristallines : coupez une poire en fines tranches à l'aide d'une mandoline. Placez celles-ci sur une plaque de cuisson recouverte d'une feuille de papier sulfurisé et saupoudrez de sucre glace. Placez au four pour 2 heures. Laissez les tranches de poire refroidir dans le four éteint avant de les décoller délicatement.

Dans une casserole, versez un demi-litre d'eau, le miel, la branche de romarin et portez à ébullition. Épluchez et coupez les poires en dés, puis pochez-les dans l'eau bouillante au miel et au romarin pendant 15 minutes. Égouttez et réservez.

Placez les petits chèvres sur une plaque de cuisson recouverte de papier sulfurisé. Saupoudrez-les de romarin et d'un filet d'huile d'olive. Mettez-les sous le gril très chaud du four quelques minutes pour les faire dorer sans trop les faire fondre.

Répartissez les poires dans les verrines, déposez un chèvre chaud, saupoudrez de fleur de sel, décorez de cristallines de poire et d'une petite branche de romarin. Servez chaud.

Chèvre chaud sur lit de courgettes

Préparation : 20 minutes • Cuisson : 15 minutes • Difficulté : ★ Budget : ★

Pour 4 verrines

- **2 courgettes**
- **1 cuil. à soupe d'huile d'olive**
- **Basilic**
- **2 cuil. à soupe de crème fraîche épaisse allégée**
- **120 g de fromage de chèvre**
- **Herbes de Provence**
- **1 cuil. à soupe de pignons de pin**
- **4 tranches de pain de mie**
- **Sel**

Lavez et râpez les courgettes avec leur peau. Chauffez l'huile dans une poêle et mettez-y les courgettes. Laissez cuire à feu doux en mélangeant régulièrement, jusqu'à l'évaporation de l'eau végétale, pendant 10 minutes environ. Salez, ajoutez du basilic ciselé et la crème.

Répartissez les courgettes dans des verrines allant au four et déposez 1 fromage de chèvre sur le dessus dans chacune d'elles. Saupoudrez d'herbes de Provence et de pignons.

Chauffez le four en position gril puis placez-y les verrines pendant environ 5 à 6 minutes afin que le fromage commence à fondre et à gratiner.

Servez avec du pain de mie toasté.

Cocktail de gambas

Préparation : 20 minutes • Cuisson : 35 minutes • Difficulté : ★★ Budget : ★★★

Pour 6 verrines

- **6 feuilles de brick**
- **30 g de beurre**
- **30 gambas**
- **3 cuil. à soupe de mayonnaise**
- **2 cuil. à soupe de ketchup**
- **Tabasco**
- **1 cuil. à soupe de whisky**
- **12 asperges vertes**
- **50 g de graines germées**

Préchauffez le four à 180 °C (th. 6).

Coupez les feuilles de brick afin d'obtenir des disques de 20 cm de diamètre. Badigeonnez-les de beurre fondu et placez-les dans des coupelles allant au four et largement beurrées (ces coupelles devront être de même diamètre que les verrines utilisées pour la présentation). Formez des corolles évasées et maintenez-les en place avec une boule de papier sulfurisé placée au centre. Mettez au four 10 minutes.

Lorsque les corolles sont bien dorées, démoulez-les, placez le fond vers le haut et continuez la cuisson 10 minutes afin de les faire dorer.

À la fin de la cuisson, les corolles doivent être entièrement dorées. Réservez dans un endroit sec.

Décortiquez les gambas en laissant l'extrémité de la queue. Mélangez la mayonnaise, le ketchup, le whisky et le Tabasco. Épluchez et faites cuire les asperges.

Au moment de servir, placez quelques graines germées dans les verrines, positionnez les corolles, mettez 2 gambas au fond et 1 cuil. à café de sauce. Placez 2 asperges, des gambas à cheval sur la corolle et des graines germées au centre. Servez accompagné d'une coupelle de sauce.

Conseil : ne réalisez le montage qu'au moment de servir afin d'éviter que la corolle ne ramollisse.

Comme à la récré

Préparation : 5 minutes • Cuisson : 2 minutes • Difficulté : ★ Budget : ★

Pour 6 personnes

- **200 g de Knacki balls**
- **200 g de tomates cerise**
- **125 g de billes de mozzarella**

Faites chauffer les saucisses 2 minutes dans de l'eau bouillante ou 30 secondes au four à micro-ondes.

Lavez les tomates et égouttez la mozzarella.

Alternez les différentes billes dans les verrines.

Présentez les verrines aux enfants avec des piques en bois décorées et, selon les goûts, accompagnées de vinaigrette ou de sauce ketchup.

Cornets gourmands

Préparation : 30 minutes • Cuisson : 5 minutes • Difficulté : ★ Budget : ★★

Pour 12 pièces

- **40 g de beurre**
- **3 feuilles de brick**
- **120 g de crevettes roses**
- **3 tranches d'ananas**
- **40 g de tarama de crabe**
- **1,5 cuil. à soupe de crème fraîche épaisse**
- **Ciboulette**
- **100 g d'œufs de saumon**

Faites fondre le beurre. Coupez les feuilles de brick en quatre, badigeonnez-les de beurre et roulez-les sur un cône en métal (en vente sur Internet) ou, à défaut, un cône formé avec de l'aluminium. Placez les cornets, côté soudure vers le bas, sur une plaque de cuisson recouverte d'une feuille de papier sulfurisé et mettez au four pour 5 minutes à 200 °C (th. 6-7).

Quand les cornets sont bien dorés, sortez-les du four, attendez 5 minutes et retirez le cône de métal délicatement.

Mélangez les crevettes, l'ananas bien égoutté et coupé en petits dés, le tarama, la crème et quelques brins de ciboulette ciselés. Réservez au frais.

Au moment de servir, garnissez les cornets de préparation aux crevettes, décorez d'œufs de saumon et d'un brin de ciboulette.

Présentez les cornets dans une grande verrine garnie de légumes secs ou de graines.

Conseil : surveillez bien la cuisson, les feuilles de brick dorent très vite. Préparez les cornets à l'avance, conservez-les dans une boîte garnie de papier absorbant mais ne les garnissez qu'au moment de les déguster car ils ramollissent très vite.

Crème d'asperges et son nuage au parmesan

Préparation : 30 minutes • Repos : 1 nuit • Cuisson : 25 minutes
Difficulté : ★ Budget : ★★

Pour 6 verrines

- **10 cl de crème liquide entière**
- **50 g de parmesan râpé**
- **18 asperges vertes**
- **30 cl de lait**
- **4 jaunes d'œufs**
- **20 cl de crème liquide**
- **Parmesan (en copeaux)**
- **Sel et poivre**

La veille, faites chauffer les 10 cl de crème liquide entière et ajoutez le parmesan râpé. Quand ce dernier a bien fondu, laissez cette crème refroidir et placez-la au frais pendant une nuit.

Épluchez les asperges et faites-les cuire 10 minutes dans l'eau bouillante, les pointes hors de l'eau. Égouttez-les, coupez les pointes et mixez les tiges tendres.

Faites chauffer le lait dans une casserole. Fouettez les jaunes d'œufs avec un peu de sel. Versez le lait bouillant sur les jaunes, sans cesser de battre.

Remettez le tout dans la casserole, puis faites épaissir en mélangeant constamment. Quand la sauce nappe la cuillère en bois, retirez-la du feu et ajoutez la purée d'asperges. Salez et poivrez.

Fouettez les 20 cl de crème en chantilly et incorporez-la à la crème d'asperges. Répartissez cette crème dans les verrines.

Fouettez la crème au parmesan en chantilly.

Déposez une quenelle de chantilly sur la crème d'asperges. Décorez de copeaux de parmesan et servez accompagné des pointes d'asperges.

Crème de saumon

Préparation : 45 minutes • Cuisson : 20 minutes • Difficulté : ★ Budget : ★★★

Pour 6 verrines

- **200 g de pousses d'épinards**
- **3 cuil. à soupe de crème fraîche épaisse**
- **3 portions de fromage fondu**
- **Beurre**
- **220 g de saumon**
- **12 cl de crème liquide**
- **Aneth**
- **100 g d'œufs de saumon**
- **Sel et poivre**

Nettoyez et retirez la tige centrale des épinards puis faites-les suer dans une noix de beurre.

Placez-les ensuite dans le bol d'un mixeur avec la crème et le fromage, mixez puis salez et poivrez.

Répartissez cette crème d'épinard dans les verrines et placez au frais.

Faites cuire les pavés de saumon en papillote (enveloppés dans de l'aluminium dans un four à 180 °C, th. 6) ou à la vapeur, pendant 15 minutes.

Mixez le saumon émietté avec la crème liquide, l'aneth haché, salez et poivrez. Versez cette crème dans les verrines.

Enfin, déposez quelques œufs de poisson et décorez d'un brin d'aneth. Réservez au frais.

Crèmes de petits pois

Préparation : 30 minutes • Repos : 2 heures • Cuisson : 20 minutes
Difficulté : ★ Budget : ★★

Pour 6 verrines

- **1 cube de bouillon de volaille**
- **600 g de petits pois**
- **80 g de lardons**
- **1 oignon**
- **4 feuilles de gélatine**
- **15 cl de crème liquide**
- **150 g de magrets de canard**
- **Sel et poivre**

Faites bouillir 50 cl d'eau avec le cube de bouillon de volaille, ajoutez les petits pois, les lardons, l'oignon finement haché, salez et laissez cuire 20 minutes.

Égouttez les petits pois, les lardons et les oignons en conservant le bouillon.

Prélevez 18 cl de bouillon et ajoutez la gélatine préalablement ramollie dans de l'eau froide.

Répartissez un tiers des petits pois, lardons et oignons dans les verrines et versez le bouillon par-dessus. Laissez refroidir et placez au frais pour que la gélatine prenne.

Mixez le restant de petit pois, lardons et oignons avec 15 cl de bouillon et la crème, salez et poivrez. Réservez au frais et versez dans les verrines lorsque la gelée est prise.

Déposez les filets de magret de canard émincé et décorez de petits pois.

Croustillants au chèvre

Préparation : 20 minutes • Cuisson : 30 minutes • Difficulté : ★ Budget : ★★

Pour 6 verrines

- **1 bûchette de fromage de chèvre**
- **5 tomates confites**
- **10 feuilles de brick**
- **1 bouquet de basilic**
- **20 g de beurre**
- **2 cuil. à soupe d'huile d'olive**
- **100 g de roquette**
- **Sel et poivre**

Préchauffez le four à 180 °C (th. 6).

Coupez la bûche de chèvre en tronçons, puis coupez à nouveau ceux-ci en deux. Coupez les tomates confites en lamelles et effeuillez le basilic.

Déposez en long le chèvre, aux deux tiers de la largeur des feuilles de brick, et ajoutez 1 à 2 feuilles de basilic ainsi que des lamelles de tomates confites.

Roulez la feuille de brick, pliez les côtés, badigeonnez de beurre fondu les 2 derniers centimètres puis roulez à nouveau afin de former un cigare.

Badigeonnez-les de beurre et faites-les dorer 20 minutes au four.

Pendant ce temps, faites chauffer un fond d'huile d'olive dans une petite casserole et plongez-y les feuilles de basilic restantes jusqu'à ce qu'elles deviennent translucides. Elles ne doivent pas brunir. Si c'est le cas, baissez le feu. Déposez-les ensuite sur du papier absorbant.

Garnissez des verrines évasées de roquette.

Lorsque les croustillants sont prêts, coupez-les en deux en diagonale. Placez-les dans les verrines. Ajoutez les feuilles de basilic frites, les lamelles de tomate restantes et servez.

Conseil : vous pouvez préparer à l'avance vos feuilletés. Conservez-les au frais et passez-les au four juste avant de servir.

Dips de pois chiches

Préparation : 20 minutes • Repos : 2 heures • Difficulté : ★ Budget : ★★

Pour 6 personnes

- **300 g de pois chiches**
- **Le jus de 1 citron**
- **2 gousses d'ail**
- **2 cuil. à café d'huile de sésame**
- **1 cuil. à café de cumin en poudre**
- **2 carottes**
- **1 concombre**
- **150 g d'asperges vertes**
- **Sel**

Égouttez et rincez les pois chiches. Retirez leur peau en les pinçant un à un.

Placez les pois chiches dans le bol d'un mixeur et réduisez-les en purée bien lisse.

Ajoutez le jus de citron et l'ail dégermé, puis mixez de nouveau. Si la purée est trop épaisse, ajoutez un peu d'eau.

Ajoutez l'huile, le cumin et salez.

Répartissez dans les verrines et placez au frais pour 2 heures.

Coupez les carottes et le concombre en petits bâtonnets et placez-les, avec les asperges, dans les verrines au moment de servir.

Doux poivrons

Préparation : 30 minutes • Cuisson : 30 minutes • Difficulté : ★ Budget : ★★

Pour 6 verrines

- **2 poireaux**
- **1 cuil. à soupe d'huile d'olive**
- **3 poivrons verts**
- **1 cube de bouillon de légumes**
- **Ciboulette**
- **2 cuil. à soupe de crème fraîche épaisse**
- **1 concombre**
- **1 poivron rouge**
- **1 cuil. à café de paprika**
- **Sel et poivre**

Coupez les poireaux en tronçons et lavez-les.

Faites chauffer l'huile dans une poêle, faites suer les poireaux. Ajoutez 2 poivrons verts épépinés et coupés en morceaux, ajoutez le cube de bouillon, 30 cl d'eau, salez, poivrez et laissez cuire 20 minutes.

Ajoutez quelques brins de ciboulette et mixez à l'aide d'un mixeur plongeant. Lorsque vous obtenez une consistance uniforme, ajoutez la crème fraîche et réservez.

Coupez le concombre, le poivron rouge et le poivron vert restant en brunoise (tout petits dés).

Répartissez les légumes dans les verrines, versez la crème de poivrons et finissez par déposer le restant de brunoise. Saupoudrez de paprika.

Au moment de servir, décorez de brins de ciboulette.

Faisselles aux herbes et gambas

Préparation : 20 minutes • Repos : 1 heure • Difficulté : ★ Budget : ★★

Pour 6 verrines

- **600 g de faisselle**
- **400 g de gambas**
- **2 cuil. à soupe d'huile d'olive**
- **2 cuil. à café de basilic déshydraté**
- **1 cuil. à café de confit de tomates séchées**
- **8 tomates confites**
- **2 gousses d'ail**
- **1 cuil. à café d'herbes de Provence**
- **Thym**
- **Sel et poivre**

Faites s'égoutter la faisselle pendant 1 heure.

Arrosez les gambas d'huile d'olive, ajoutez la moitié du basilic et le confit de tomates séchées.

Coupez les tomates confites en petits morceaux. Mélangez la faisselle avec l'ail finement haché, les herbes de Provence, le reste de basilic, salez et poivrez.

Dans les verrines, placez les gambas puis les tomates confites et couvrez de faisselle aux herbes.

Déposez 2 gambas et un morceau de tomate confite sur la faisselle, décorez d'un brin de thym et réservez au frais.

Conseil : si vous n'avez pas laissé la faisselle s'égoutter pendant 1 heure, servez rapidement vos verrines pour éviter que le liquide ne s'écoule sur les gambas.

Feuilleté de saumon

Préparation : 30 minutes • Cuisson : 20 minutes • Difficulté : ★ Budget : ★★

Pour 6 verrines

- **4 feuilles de brick**
- **30 g de beurre**
- **200 g de ricotta**
- **90 g de tarama**
- **300 g de saumon fumé**
- **Le jus de ½ citron**
- **Aneth**

Préchauffez le four à 180 °C (th. 6).

À l'aide d'un emporte-pièce de la taille des verrines utilisées, découpez des disques de feuille de brick. Badigeonnez-les de beurre fondu et faites-les dorer 20 minutes au four, posés sur du papier sulfurisé (n'utilisez surtout pas le papier des feuilles de brick).

Mélangez la ricotta et le tarama.

Arrosez le saumon avec le jus du demi-citron, ajoutez l'aneth et réservez.

Au moment de servir, créez une sorte de mille-feuille en alternant 2 ou 3 disques de brick réunis, le mélange à la ricotta et les dés de saumon.

Terminez par des dés de saumon et décorez avec un disque de feuille de brick et un brin d'aneth. Servez aussitôt.

Conseil : préparez tout à l'avance mais ne réalisez le montage qu'au moment de servir car la feuille de brick perd rapidement son croustillant.

Flans printaniers

Préparation : 20 minutes • Cuisson : 30 minutes • Difficulté : ★ Budget : ★

Pour 6 personnes

- **100 g de petits pois**
- **100 g de carottes (petites)**
- **100 g de haricots verts**
- **50 g d'oignons blancs**
- **2 œufs**
- **100 g de ricotta**
- **11 cl de lait**
- **Basilic**
- **Roquette**
- **12 asperges vertes**
- **6 tomates cerise**
- **100 g de gésiers de volaille**
- **Sel et poivre**

Préchauffez le four à 180 °C (th. 6). Lavez les légumes et coupez, en petits tronçons, les carottes et les haricots verts. Épluchez et coupez en quatre les oignons.

Répartissez tous les légumes dans 6 verrines pouvant aller au four.

Battez les œufs, la ricotta et le lait, ajoutez le basilic, salez et poivrez. Versez cette préparation sur les légumes pour qu'elle les recouvre à hauteur.

Mettez au four dans un bain-marie à 180 °C (th. 6) pour 30 minutes.

À la sortie du four laissez refroidir puis placez au frais.

Au moment de servir, déposez sur les flans quelques feuilles de roquette, les asperges, les tomates cerise coupées en deux et quelques morceaux de gésiers. Accompagnez d'une vinaigrette.

Foie gras façon lucullus

Préparation : 40 minutes • Repos : 30 minutes • Cuisson : 2 minutes
Difficulté : ★ Budget : ★★★

Pour 6 verrines

- **300 g de foie gras**
- **300 g de langue de bœuf**
- **6 tranches de pain brioché**
- **3 kumquats**
- **Graines germées**

Coupez le foie gras en tranches. Alternez les tranches de foie gras et de langue, pressez légèrement et placez au frais 30 minutes.

Grillez les tranches de pain brioché et coupez des disques à placer au fond des verrines.

Coupez la superposition de foie gras et de langue en carrés, puis placez la moitié de ceux-ci sur des petites piques en bois avec un kumquat.

Répartissez le restant de foie gras et de langue dans les verrines, placez les mini brochettes et décorez de graines germées.

Servez accompagné de pain brioché toasté.

Conseil : le lucullus est une spécialité de Valenciennes, une ville du Nord de la France. C'est un feuilleté de langue de bœuf fumée et de mousse de foie gras, le mariage du robuste et du délicat. Il est conseillé de le déguster sur un toast chaud.

Fricassée de Saint-Jacques aux cèpes

Préparation : 45 minutes • Cuisson : 45 minutes • Difficulté : ★ Budget : ★★★

Pour 6 verrines

- 1 cuil. à soupe d'huile d'olive
- 300 g de cèpes
- 1 cuil. à soupe de persil haché
- 2 gousses d'ail
- 1 cuil. à café de fond de poisson
- 15 cl de crème fleurette
- 20 g de parmesan râpé
- 30 g de beurre
- 20 copeaux de parmesan
- 24 noix de Saint-Jacques
- Persil
- Sel et poivre

Faites chauffer l'huile dans une poêle, puis faites revenir les cèpes coupés en gros morceaux.

Ajoutez le persil, l'ail et laissez cuire jusqu'à ce que l'eau de végétation soit totalement évaporée. Ajoutez le fond de poisson, dilué dans 10 cl d'eau chaude, puis la crème.

Laissez mijoter 5 minutes à feu doux puis ajoutez 20 g de parmesan râpé et rectifiez l'assaisonnement.

Faites chauffer le beurre et un peu d'huile d'olive dans une grande poêle. Lorsque la poêle est bien chaude, faites dorer les noix de Saint-Jacques 1 minute de chaque côté. Salez et poivrez.

Répartissez les cèpes dans les verrines, déposez les noix de Saint-Jacques, décorez de copeaux de parmesan et d'un brin de persil. Servez aussitôt.

Gaspacho andalou

Préparation : 30 minutes • Repos : 1 heure • Cuisson : 1 minute
Difficulté : ★ Budget : ★★

Pour 6 verrines

- **1,5 kg de tomates**
- **1 concombre**
- **1 poivron rouge**
- **1 poivron vert**
- **1 oignon**
- **2 gousses d'ail**
- **120 g de mie de pain rassis**
- **4 cuil. à soupe d'huile d'olive**
- **3 cuil. à soupe de vinaigre de Xérès**
- **Tabasco**
- **2 branches de céleri**
- **Sel et poivre**

Lavez les tomates, incisez-les d'une croix et plongez-les 1 minute dans de l'eau bouillante. Égouttez-les et retirez leur peau.

Coupez le concombre et les poivrons en morceaux, réservez une petite quantité coupée en tout petits morceaux.

Placez les tomates, le concombre, les poivrons, l'oignon, l'ail et la mie de pain dans un mixeur. Mixez jusqu'à obtention d'une soupe épaisse, ajoutez l'huile d'olive, le vinaigre et quelques gouttes de Tabasco. Salez et poivrez. Réservez au frais 1 heure minimum.

Coupez le céleri en tronçons.

Au moment de servir, versez le gaspacho très frais dans les verrines, placez quelques morceaux de concombre et de poivron sur le dessus, décorez d'un tronçon de céleri et servez.

Gaspacho de betteraves et pomme

Préparation : 1 heure • Congélation : 3 heures • Difficulté : ★★ Budget : ★

Pour 10 verrines

- **20 cl de jus de pomme**
- **2 betteraves cuites**
- **1 pomme granny-smith**
- **100 g de concombre**
- **1 échalote**
- **¼ cuil. à café de piment d'Espelette en poudre**
- **1 cuil. à soupe d'huile d'olive**
- **Poivre**

La veille, diluez 10 cl de jus de pomme avec 5 cl d'eau. Versez le tout dans un bac à glaçons. Placez au congélateur.

Taillez les betteraves en dés. Épluchez la pomme, le concombre et l'échalote, coupez-les en morceaux. Placez le tout dans le bol d'un mixeur, ajoutez 10 cl de jus de pomme et mixez jusqu'à l'obtention d'une texture homogène.

Ajoutez le piment, l'huile et poivrez. Versez dans les verrines et servez avec un glaçon de jus de pomme.

Conseil : ce gaspacho original est idéal pour des apéros d'été.

Apéritif

Granités de tomates et pesto

Préparation : 20 minutes • Cuisson : 1 minute • Congélation : 3 heures
Difficulté : ★★ Budget : ★

Pour 6 personnes

- **8 tomates**
- **2 cuil. à soupe de concentré de tomates**
- **2 gousses d'ail**
- **1 cuil. à café de sucre**
- **1 cuil. à soupe d'huile d'olive**
- **Tabasco**
- **80 g de pesto**
- **Basilic**
- **Sel et poivre**

Plongez les tomates dans une casserole d'eau bouillante pendant 1 minute.

Pelez-les, retirez les pépins et mixez la chair avec le concentré de tomates, l'ail et le sucre. Salez et poivrez.

Ajoutez l'huile d'olive et quelques gouttes de Tabasco.

Versez ce coulis dans un bac et placez-le au congélateur 3 heures. Toutes les demi-heures, remuez le tout avec une fourchette afin d'obtenir un granité.

Au moment de servir, placez 1 cuil. à soupe de pesto dans les verrines et déposez le granité. Décorez de feuilles de basilic. Servez rapidement.

Guacamole de courgettes

Préparation : 20 minutes • Cuisson : 20 minutes • Difficulté : ★ Budget : ★★

Pour 6 verrines

- **300 g de courgettes**
- **30 g de pignons de pin**
- **1 oignon**
- **75 g de chèvre frais**
- **1 cuil. à café de piment de Cayenne**
- **Sel**

Lavez les courgettes, coupez-les en morceaux et faites-les cuire à la vapeur 15 minutes, égouttez et laissez refroidir.

Faites griller les pignons à sec dans une poêle.

Épluchez l'oignon, coupez-le en morceaux et placez-le dans le bol d'un mixeur ou d'un blender.

Ajoutez les courgettes, les pignons, le fromage et le piment. Mixez jusqu'à obtention d'une consistance homogène et crémeuse.

Salez et ajustez le dosage du piment selon votre goût.

Servez accompagné de tortillas ou de bâtonnets de légumes crus.

Houmous

Préparation : 15 minutes • Repos : 2 heures • Difficulté : ★★ Budget : ★★

Pour 4 verrines

- **350 g de pois chiches en boîte**
- **Le jus de 1 citron**
- **2 gousses d'ail**
- **½ cuil. à soupe d'huile de sésame**
- **2 cuil. à soupe d'huile d'olive**
- **½ cuil. à café de cumin en poudre**
- **Sel**

Égouttez et rincez les pois chiches. Retirez leur peau en les pinçant un à un. Placez-les ensuite dans le bol d'un mixeur et réduisez-les en purée bien lisse.

Ajoutez le jus de citron et l'ail dégermé, mixez à nouveau. Si la purée est trop épaisse, ajoutez un peu d'eau afin d'obtenir une purée fine. Ajoutez les huiles, le cumin et salez.

Répartissez dans les verrines et placez au frais 2 heures.

Servez très frais, décorez d'olives noires et accompagnez de pain pita.

Légumes du soleil en crumble de parmesan

Préparation : 30 minutes • Repos : 30 minutes • Cuisson : 20 minutes
Difficulté : ★ Budget : ★

Pour 4 verrines

- **1 courgette**
- **1 aubergine**
- **½ poivron rouge**
- **½ poivron vert**
- **1 cuil. à soupe d'huile d'olive**
- **2 gousses d'ail**
- **Basilic**
- **60 g de beurre**
- **60 g de farine**
- **50 g de parmesan râpé**
- **Sel**

Coupez les légumes en petits cubes. Faites chauffer l'huile dans une poêle et mettez-y les légumes afin de les faire dorer.

Ajoutez l'ail finement haché, du basilic ciselé et salez.

Dans un bol, écrasez le beurre en pommade à l'aide d'une fourchette. Ajoutez la farine et le parmesan râpé, mélangez du bout des doigts afin d'obtenir un gros sablé. Placez au frais pour 30 minutes.

Versez les légumes dans les verrines et émiettez le crumble dessus.

Enfournez à 180 °C (th. 6) pour 20 minutes. Le crumble doit légèrement dorer.

Conseil : cette verrine est un accompagnement idéal pour une viande rouge.

Mousses au poivron et fromage frais au cumin

Préparation : 40 minutes • Repos : 2 h 15 • Cuisson : 15 minutes
Difficulté : ★★ Budget : ★

Pour 6 personnes

- **1 poivron rouge**
- **40 g de fromage frais**
- **1 feuille de gélatine**
- **12 cl de crème liquide**
- **150 g de fromage de chèvre**
- **1 cuil. à soupe de crème fraîche épaisse**
- **1 cuil. à café de cumin en poudre**
- **Sel et poivre**

Lavez le poivron, coupez-le en quatre et épépinez-le. Placez-le sur une plaque de cuisson peau vers le haut et passez-le sous le gril de votre four jusqu'à ce que la peau forme des boursouflures noires. Sortez-le du four, enfermez-le dans un sac congélation 15 minutes puis retirez la peau.

Placez 120 g de chair de poivron dans le bol d'un mixeur avec le fromage frais. Salez, poivrez et mixez le tout. Faites ramollir la feuille de gélatine dans un peu d'eau froide puis faites-la fondre 5 secondes au micro-ondes après l'avoir essorée. Incorporez-la à la purée de poivron.

Montez la crème liquide en chantilly et incorporez-la à la purée de poivron. Versez la préparation dans les verrines et placez au frais pour 2 heures.

Travaillez le fromage de chèvre avec la crème fraîche et remplissez une poche à douille. Déposez le fromage sur les mousses, saupoudrez de cumin et réservez au frais.

Mousses d'asperges

Préparation : 20 minutes • Repos : 2 heures • Cuisson : 5 minutes
Difficulté : ★ Budget : ★★

Pour 6 verrines

- **3 feuilles de gélatine**
- **400 g d'asperges vertes en bocal**
- **60 g de fromage blanc**
- **20 cl de crème liquide entière**
- **6 œufs de caille**
- **12 asperges vertes**
- **50 g de pousses de haricot mungo (germes de soja)**
- **6 radis**
- **6 tomates cerise**
- **Sel et poivre**

Faites ramollir les feuilles de gélatine dans de l'eau froide.

Égouttez et mixez les asperges.

Ajoutez le fromage blanc, la gélatine égouttée et dissoute au four à micro-ondes (10 secondes). Salez et poivrez.

Montez la crème en chantilly et incorporez-la aux asperges mixées.

Versez cette mousse dans les verrines et placez au frais pendant 2 heures.

Faites cuire les œufs de caille dans de l'eau bouillante pendant 5 minutes. Laissez refroidir et retirez la coquille, entièrement ou partiellement.

Décorez les mousses de pointes d'asperge et de pousses de haricots mungo. Placez un radis, une tomate cerise et un œuf de caille par personne.

Mousses de carottes au cumin et tuiles de parmesan

Préparation : 30 minutes • Cuisson : 20 minutes • Difficulté : ★ Budget : ★

Pour 4 verrines

- **400 g de carottes**
- **50 g de parmesan**
- **Graines de cumin**
- **80 g de fromage frais**
- **13 cl de crème liquide entière**
- **1 cuil. à café d'huile de sésame**
- **4 cuil. à café de cumin en poudre**
- **Sel**

Épluchez et faites cuire les carottes à l'eau ou à la vapeur pour qu'elles soient bien cuites. Égouttez-les et laissez-les refroidir.

Pendant ce temps, râpez le parmesan et formez des petits tas d'une valeur de 1 cuil. à soupe sur une plaque de cuisson recouverte d'une feuille de papier sulfurisé. Étalez-les légèrement et ajoutez quelques graines de cumin. Placez au four préchauffé pour 10 minutes à 180 °C (th. 6), surveillez bien, la cuisson est rapide. À la sortie du four, attendez que les tuiles soient totalement refroidies pour les décoller et les placer sur un papier absorbant.

Placez les carottes dans le bol d'un mixeur avec le fromage frais, 10 cl de crème, l'huile, le cumin en poudre et mixez l'ensemble. Salez et ajoutez petit à petit le reste de crème si besoin, la mousse ne doit pas être trop liquide pour se tenir dans les verrines.

Remplissez les verrines à l'aide d'une poche à douille cannelée, parsemez de graines de cumin et décorez avec 1 tuile de parmesan.

Mousses de foie gras aux fruits

Préparation : 20 minutes • Repos : 2 heures • Cuisson : 10 minutes
Difficulté : ★ Budget : ★★★

Pour 6 verrines

- **180 g de foie gras**
- **20 cl de crème fleurette**
- **100 g de confit de figues**
- **¼ de mangue**
- **1 kiwi**
- **6 physalis**
- **Sel et poivre**

Coupez le foie gras en petits morceaux.

Placez-le dans une casserole avec la crème, portez à ébullition, puis laissez cuire à feu doux 5 à 6 minutes afin que le foie gras soit totalement fondu. Salez, poivrez et mixez le tout à l'aide d'un mixeur plongeant.

Laissez refroidir puis reposer 2 heures au frais.

Répartissez le confit de figues dans les verrines. Fouettez la crème au foie gras jusqu'à obtention d'une mousse et, à l'aide d'une poche à douille, remplissez les verrines.

Décorez chaque verrine de morceaux de mangue, de kiwi et d'un physalis.

Œufs de caille sur rémoulade de surimi

Préparation : 20 minutes • Cuisson : 5 minutes • Difficulté : ★ Budget : ★★

Pour 6 verrines

- **12 œufs de caille**
- **150 g de surimi râpé**
- **120 g de fromage blanc**
- **4 cuil. à soupe de mayonnaise**
- **Aneth**
- **90 g d'œufs de truite**
- **Sel et poivre**

Faites bouillir de l'eau salée, plongez-y les œufs de caille et laissez cuire 5 minutes.

Retirez-les de l'eau bouillante et placez-les dans un saladier d'eau froide. Une fois totalement refroidis, retirez leurs coquilles.

Mélangez le surimi râpé avec le fromage blanc, la mayonnaise, 1 cuil. à soupe d'aneth ciselé, salez et poivrez.

Versez cette salade dans les verrines, déposez 2 œufs de caille écalés puis parsemez d'œufs de truite et décorez d'aneth.

Panna cotta au gorgonzola et raisins en gelée

Préparation : 40 minutes • Repos : 2 heures • Cuisson : 20 minutes
Difficulté : ★★ Budget : ★★

Pour 6 verrines

- **2 feuilles de gélatine**
- **30 cl de crème liquide entière**
- **60 g de gorgonzola**
- **10 cl de vin blanc**
- **300 g de raisins blancs**
- **50 g de parmesan râpé**
- **1 cuil. à café de graines de sésame doré**

Faites ramollir les feuilles de gélatine dans de l'eau froide.

Portez à ébullition la crème et le gorgonzola coupé en morceaux. Ajoutez 1 feuille de gélatine essorée, mélangez et versez cette crème dans 6 verrines de taille moyenne. Laissez refroidir puis placez au frais 1 heure minimum.

Portez le vin et 5 cl d'eau à ébullition. Ajoutez 1 feuille de gélatine essorée. Lavez et égrainez le raisin. Placez quelques grains sur chaque panna cotta bien gélifiée et versez le vin blanc. Laissez refroidir puis placez au frais, 1 heure également.

Faites des petits tas de parmesan sur une feuille de papier sulfurisé posée sur une plaque, étalez-les avec le dos d'une cuillère à soupe. Parsemez de graines de sésame et mettez au four chaud pour 10 minutes à 180 °C (th. 6). À la sortie du four, laissez refroidir totalement puis décollez avec une spatule.

Au moment de servir, décorez les verrines d'une tuile de parmesan.

Panna cotta d'asperges et crabe

Préparation : 30 minutes • Repos : 3 heures • Cuisson : 15 minutes
Difficulté : ★ Budget : ★★

Pour 8 verrines

- **160 g d'asperges vertes (petites)**
- **10 cl de lait**
- **20 cl de crème liquide**
- **½ cuil. à café d'agar-agar**
- **100 g de miettes de crabe**
- **Tuiles de parmesan**
- **Sel et poivre**

Coupez les têtes des asperges et réservez-les, coupez les tiges en tronçons, mettez le tout à cuire 5 minutes dans une casserole d'eau bouillante, égouttez.

Portez le lait et la crème à ébullition avec l'agar-agar. Ajoutez les tronçons d'asperge, salez, poivrez et mixez le tout. Versez dans les verrines en évitant bien les bords, laissez refroidir et placez au frais 3 heures minimum.

Au moment de servir, déposez le crabe émietté, décorez de pointes d'asperge et de tuiles au parmesan.

Conseil : vous pouvez remplacer l'agar-agar par 2 feuilles de gélatine.

Petites perles sous un nuage de tomate

Préparation : 30 minutes • Repos : 3 heures • Cuisson : 35 minutes
Difficulté : ★ Budget : ★

Pour 6 verrines

- **½ feuille de gélatine**
- **18 cl de coulis de tomates**
- **5 cl de crème liquide entière**
- **3 cuil. à soupe de tapioca (perles du Japon)**
- **80 g de chèvre frais**
- **1 cuil. à café de pesto**
- **Basilic**
- **Sel et poivre**

Faites ramollir la gélatine dans de l'eau froide.

Faites chauffer le coulis de tomates, ajoutez la gélatine puis, hors du feu, la crème liquide.

Salez et poivrez, puis versez le coulis dans la cuve d'un siphon. Fermez et ajoutez 1 cartouche de gaz. Secouez énergiquement puis placez au frais au minimum 3 heures.

Faites cuire les perles du Japon dans une casserole d'eau bouillante salée pendant 30 minutes.

Égouttez-les puis mélangez-les au fromage frais et au pesto.

Répartissez les perles du Japon dans des verrines de petite taille. Placez au frais.

Au moment de servir, secouez le siphon et dressez l'espuma de tomate sur le tapioca. Décorez de feuilles de basilic et servez aussitôt.

Poêlée forestière sur polenta

Préparation : 20 minutes • Cuisson : 20 minutes • Difficulté : ★ Budget : ★★

Pour 4 verrines

- **100 g de polenta**
- **Persil**
- **1 cuil. à soupe d'huile d'olive**
- **350 g de mélange de champignons forestiers**
- **2 gousses d'ail**
- **Sel**

Faites bouillir 32 cl d'eau salée, versez la polenta et laissez cuire à feu doux 7 à 10 minutes (se référer aux indications sur le paquet).

Quand la polenta est cuite, ajoutez ½ cuil. à café de persil ciselé puis versez-la dans les verrines.

Chauffez l'huile dans une poêle et ajoutez le mélange forestier. Laissez cuire environ 10 minutes sans colorer.

Ajoutez l'ail finement haché et 1 cuil. à café de persil.

Déposez la poêlée sur la polenta encore chaude et servez.

Pot-au-feu de saumon

Préparation : 45 minutes • Cuisson : 30 minutes • Difficulté : ★ Budget : ★★★

Pour 4 personnes

- 2 poireaux
- 4 carottes
- 6 pommes de terre
- 1 feuille de laurier
- 1 branche de thym
- 1 cuil. à soupe de fumet de poisson
- 4 pavés de saumon
- 3 échalotes
- 2 cuil. à soupe d'huile d'olive
- 12,5 cl de vin blanc
- 12 cl de crème liquide
- Sel et poivre

Épluchez et lavez les légumes, coupez-les en rondelles. Placez-les dans une grande cocotte, couvrez d'eau, salez, ajoutez le laurier, le thym, le fumet de poisson et portez à ébullition. Laissez cuire 15 minutes, jusqu'à ce que les légumes soient tendres.

Coupez le saumon en gros cubes, ajoutez-les aux légumes et laissez cuire 5 minutes.

Épluchez les échalotes et mettez-les à suer dans l'huile d'olive. Versez le vin blanc et portez à ébullition. Laissez cuire jusqu'à réduction de moitié. Ajoutez 2 louches de bouillon de cuisson des légumes, portez à ébullition puis ajoutez la crème. Salez et poivrez.

Répartissez le saumon et les légumes dans 4 mini cocottes, couvrez de sauce et servez.

Conseil : ce plat est encore meilleur lorsqu'il est préparé la veille.

Raisins en habit

Préparation : 20 minutes • Repos : 30 minutes • Difficulté : ★ Budget : ★

Pour 4 verrines

- **24 grains de raisin blanc**
- **4 cuil. à soupe de pistaches mondées**
- **4 cuil. à soupe de noix**
- **150 g de fromage frais**
- **4 cuil. à soupe de graines de sésame doré**

Lavez et séchez le raisin. Hachez grossièrement les pistaches et les noix, placez-les dans un bol, réservez.

Travaillez le fromage avec une fourchette pour l'assouplir puis tartinez les raisins avec un couteau. Commencez une face en tenant le raisin entre deux doigts puis posez-le sur une assiette pour faire l'autre face. Placez le raisin dans un bol contenant la poudre de pistaches et tournez-le afin de le paner. Réalisez l'opération pour tous les raisins en les enrobant de noix, de sésame ou de pistache.

Posez les raisins sur une assiette et mettez au frais pour 30 minutes.

Placez les raisins dans les verrines avec de petites piques en bois.

Conseil : vous pouvez également réaliser cette recette avec du raisin noir.

Si l'enrobage devient difficile, replacez le fromage au frais pendant 10 minutes.

Rillettes de sardines aux olives noires et artichauts

Préparation : 20 minutes • Repos : 1 heure • Difficulté : ★ Budget : ★★

Pour 6 verrines

- **6 olives noires dénoyautées**
- **1 échalote**
- **150 g de sardines à l'huile**
- **70 g de beurre**
- **2 cuil. à café de persil haché**
- **Le jus de ½ citron**
- **10 pétales de tomates séchées**
- **250 g de cœurs d'artichaut marinés**
- **Câpres**

Dans le bol d'un mixeur, hachez les olives et l'échalote.

Égouttez les sardines, réduisez-les en purée avec une fourchette. Ajoutez le beurre tempéré, les olives hachées avec l'échalote, le persil et le jus de citron. Travaillez jusqu'à obtention de rillettes homogènes.

Répartissez les rillettes dans 6 verrines de taille moyenne et laissez reposer 1 heure au frais.

Égouttez les pétales de tomates séchées, coupez-les en petits morceaux et placez-les sur les rillettes.

Égouttez les cœurs d'artichaut et posez-les sur les tomates.

Décorez d'un petit morceau de pétale de tomate séchée et d'une câpre. Placez au frais jusqu'au moment de servir.

Rillettes de saumon

Préparation : 15 minutes • Cuisson : 10 minutes • Difficulté : ★ Budget : ★★

Pour 4 verrines

- **100 g de filet de saumon**
- **1 cube de court-bouillon**
- **60 g de saumon fumé**
- **40 g de beurre mou**
- **Le jus de ½ citron**
- **Aneth**
- **1,5 cuil. à soupe de crème fraîche épaisse**
- **100 g d'œufs de saumon**

Faites cuire le saumon frais 10 minutes au court-bouillon puis laissez-le refroidir sur une assiette.

Mixez le saumon fumé et le beurre ramolli.

Versez dans un bol, ajoutez le jus de citron, quelques brins d'aneth, la crème et le saumon frais grossièrement émietté.

Répartissez les rillettes de saumon dans les verrines, décorez d'œufs de saumon et servez avec des feuilletés au sésame.

Conseil : sortez les rillettes du réfrigérateur 15 minutes avant de servir.

Risotto aux cèpes et aux truffes

Préparation : 20 minutes • Cuisson : 30 minutes • Difficulté : ★ Budget : ★★★

Pour 6 verrines

- **250 g de cèpes**
- **3 échalotes**
- **3 cuil. à soupe d'huile d'olive**
- **400 g de riz rond**
- **10 cl de vin blanc**
- **1 l de bouillon de volaille**
- **50 g de jus de truffe**
- **30 g de beurre**
- **Persil**
- **1 truffe (de petite taille)**
- **4 cuil. à soupe de crème fraîche épaisse**
- **50 g de parmesan râpé**
- **Sel et poivre**

Nettoyez les cèpes et coupez-les en morceaux.

Pelez les échalotes et hachez-les finement. Chauffez l'huile d'olive dans une sauteuse et faites revenir les échalotes sans les colorer pendant 5 minutes. Ajoutez le riz, mélangez bien et laissez cuire jusqu'à ce qu'il devienne translucide. Versez le vin, continuez la cuisson en mélangeant régulièrement jusqu'à évaporation du liquide.

Versez 1 louche de bouillon, mélangez et laissez cuire à feu doux jusqu'à ce que le liquide soit absorbé. Ajoutez une nouvelle louche de bouillon et continuez ainsi jusqu'à ce que le riz soit cuit. Ajoutez le jus de truffe, salez et poivrez.

Pendant que le riz est en train de cuire, faites fondre le beurre dans une poêle, ajoutez les cèpes puis le persil et faites cuire 10 minutes. Salez et poivrez.

Coupez la truffe en fines lamelles.

Mélangez les cèpes au risotto, ajoutez la crème et le parmesan.

Répartissez le risotto dans les verrines, décorez de lamelles de truffes et servez aussitôt.

Risotto vert

Préparation : 40 minutes • Cuisson : 30 minutes • Difficulté : ★★ Budget : ★★★

Pour 4 verrines

- **1 oignon**
- **20 g de margarine**
- **250 g de riz rond**
- **7 cl de vin blanc sec**
- **80 cl de bouillon de volaille**
- **30 g de parmesan râpé**
- **300 g de légumes verts**
- **200 g d'asperges vertes**
- **Sel et poivre**

Dans une casserole à fond épais, faites revenir l'oignon dans la margarine, sans trop le colorer.

Ajoutez le riz et remuez jusqu'à ce qu'il devienne transparent. Mouillez avec le vin blanc et laissez cuire jusqu'à évaporation, puis versez une louche de bouillon chaud et laissez cuire à feu doux. Ajoutez le bouillon petit à petit, en remuant de temps en temps.

À la fin de la cuisson, le riz doit être crémeux et ferme à la fois.

Saupoudrez de parmesan, rectifiez l'assaisonnement et incorporez les légumes verts que vous aurez pris soin de cuire à la vapeur.

Coupez les tiges des asperges en tronçons en conservant bien les pointes. Ajoutez les tronçons d'asperge au riz et décorez avec les pointes. Servez aussitôt.

Salade de blé au thon

Préparation : 20 minutes • Cuisson : 15 minutes • Difficulté : ★ Budget : ★★

Pour 6 personnes

- **100 g de blé**
- **1 poivron rouge**
- **1 poivron vert**
- **1 oignon**
- **2 cuil. à soupe d'huile d'olive**
- **1 cuil. à soupe de confit de tomates séchées**
- **80 g de maïs en boîte**
- **300 g de thon au naturel en boîte**
- **Basilic**
- **1 cuil. à soupe de vinaigre balsamique**
- **6 tomates cerise**
- **Sel et poivre**

Faites cuire le blé dans de l'eau bouillante salée, selon les indications données sur l'emballage.

Coupez les poivrons en petits morceaux et hachez l'oignon.

Faites chauffer 1 cuil. à soupe d'huile dans une poêle et faites-y revenir les poivrons et l'oignon, sans trop les colorer.

Ajoutez le blé égoutté, le confit de tomates séchées et laissez cuire 5 minutes en mélangeant bien.

Hors du feu, ajoutez le maïs, le thon, quelques feuilles de basilic ciselées, 1 cuil. à soupe d'huile, le vinaigre, poivrez et salez si besoin.

Répartissez la salade de blé dans les verrines, décorez de tomates cerise et de feuilles de basilic. Réservez au frais.

Salade de lentilles aux magrets de canard séchés

Préparation : 20 minutes • Repos : 30 minutes • Cuisson : 20 minutes
Difficulté : ★ Budget : ★★

Pour 4 verrines

- **200 g de lentilles vertes**
- **2 carottes**
- **Thym**
- **Laurier**
- **3 cuil. à café de moutarde à l'ancienne**
- **2 cuil. à soupe d'huile d'olive**
- **2 échalotes**
- **100 g de magrets de canard séché**
- **50 g de croûtons**

Lavez les lentilles à l'eau froide et plongez-les dans 3 fois leur volume d'eau salée.

Ajoutez les carottes coupées en petits morceaux, du thym, une feuille de laurier et portez à ébullition puis laissez mijoter à feu doux pendant 20 minutes.

Égouttez et versez dans un saladier. Ajoutez la moutarde, l'huile et les échalotes hachées.

Coupez la moitié des filets de magrets séchés et mélangez-les aux lentilles.

Laissez reposer 30 minutes.

Remplissez les verrines, décorez de magrets roulés sur eux-mêmes et de croûtons. Servez aussitôt.

Salade de pommes de terre persillées

Préparation : 15 minutes • Cuisson : 25 minutes • Difficulté : ★ Budget : ★

Pour 4 personnes

- **300 g de pommes de terre grenaille**
- **250 g de haricots verts**
- **1 oignon**
- **2 gousses d'ail**
- **1 cuil. à soupe de persil**
- **3 cuil. à soupe d'huile d'olive**
- **2 cuil. à soupe de vinaigre balsamique**
- **200 g de tomates cerise**
- **125 g de roquette**
- **Sel et poivre**

Lavez les pommes de terre sans les éplucher. Mettez-les à cuire dans une casserole d'eau salée, pendant 15 minutes. Contrôlez la cuisson en les piquant avec un couteau puis égouttez-les.

Faites cuire les haricots équeutés et effilés dans un cuit-vapeur 10 minutes, ils doivent rester légèrement croquants.

Épluchez l'oignon, émincez-le finement.

Lorsque les pommes de terre et les haricots ont refroidi, coupez les pommes de terre en deux et les haricots verts en tronçons. Placez-les dans un saladier, ajoutez l'oignon, l'ail haché, le persil, l'huile et le vinaigre. Salez, poivrez et mélangez bien.

Lavez les tomates cerise, coupez-les en deux et ajoutez-les au mélange.

Placez la roquette dans les assiettes ou bols et déposez dessus la salade de pommes de terre.

Conseil : cette salade accompagne parfaitement une viande grillée.

Salade de poulet aux noix de cajou

Préparation : 20 minutes • Cuisson : 15 minutes • Difficulté : ★ Budget : ★★

Pour 6 verrines

- **4 escalopes de poulet**
- **1 cuil. à café de margarine**
- **3 cuil. à soupe de sauce soja**
- **50 g de noix de cajou**
- **3 cuil. à soupe d'huile d'arachide**
- **1 cuil. à soupe de vinaigre de vin**
- **1 sachet de mesclun**
- **3 tomates**
- **1 oignon rouge**

Faites cuire les escalopes de poulet dans un peu de margarine sans trop les colorer.

Coupez les escalopes en dés, replacez-les dans le wok puis arrosez de 2 cuil. à soupe de sauce soja.

Hachez grossièrement les noix de cajou et mélangez-les au poulet.

Dans un bol, mélangez 1 cuil. à soupe de sauce soja, l'huile, le vinaigre et émulsionnez bien.

Placez la salade, les tomates coupées en quartiers et l'oignon émincé dans les verrines.

Ajoutez les morceaux de poulet et servez accompagné de vinaigrette selon votre goût.

Salade océane de quinoa

Préparation : 20 minutes • Cuisson : 20 minutes • Difficulté : ★ Budget : ★★

Pour 4 verrines

- **180 g de mélange quinoa-boulgour**
- **4 tomates**
- **1 cuil. à soupe de confit de tomates séchées**
- **Huile d'olive**
- **200 g de fruits de mer surgelés**
- **2 gousses d'ail**
- **Persil**
- **1 cuil. à soupe de sauce soja**

Mettez une casserole d'eau salée à chauffer et plongez-y le mélange quinoa-boulgour. Laissez cuire le temps indiqué sur le paquet. Égouttez et laissez refroidir.

Coupez les tomates en petits cubes après avoir retiré les pépins. Mélangez les tomates avec le confit de tomates séchées et ½ cuil. à soupe d'huile d'olive. Répartissez dans les verrines.

Chauffez 1 cuil. à soupe d'huile d'olive dans une poêle et faites revenir les fruits de mer décongelés et épongés pendant 10 minutes. Ajoutez l'ail et le persil hachés.

Versez le quinoa dans un saladier, arrosez de sauce soja, d'huile d'olive, ajoutez les fruits de mer et salez. Répartissez la salade dans les verrines. Décorez de petits tentacules et de dés de tomate.

Salade périgourdine

Préparation : 30 minutes • Cuisson : 30 minutes • Difficulté : ★ Budget : ★★

Pour 4 verrines

- **200 g de pommes de terre**
- **300 g de gésiers de canard confit**
- **40 g de pignons de pin**
- **4 tomates**
- **150 g de roquette**
- **90 g de magrets de canard séché**
- **3 cuil. à soupe d'huile de noix**
- **Vinaigre balsamique**
- **Sel**

Épluchez et cuisez les pommes de terre à la vapeur.

Mettez les gésiers de canard dans une poêle et réchauffez à feu doux. Retirez l'excès de graisse.

Faites griller les pignons de pin dans une seconde poêle, sans matière grasse. Coupez les tomates en quartiers.

Alternez, dans les verrines, la salade et tous les autres ingrédients, pommes de terre et gésiers encore chauds. Terminez par les pignons de pin.

Préparez une vinaigrette avec l'huile et le vinaigre, puis assaisonnez. Servez et dégustez aussitôt.

Salade salsa

Préparation : 20 minutes • Difficulté : ★ Budget : ★

Pour 4 verrines

- **350 g de haricots rouges en boîte**
- **140 g de maïs en boîte**
- **4 tomates**
- **2 avocats bien mûrs**
- **Le jus de ½ citron**
- **1 oignon rouge**
- **Piment d'Espelette en poudre**
- **1 cuil. à soupe de concentré de tomates**
- **Huile d'olive**
- **Vinaigre de vin**
- **Coriandre**
- **Tortilla chips**
- **Sel et poivre**

Égouttez et rincez les haricots rouges. Passez le maïs sous l'eau. Coupez les tomates en cubes après avoir retiré les pépins.

Réduisez les avocats en purée, ajoutez le jus de citron, la moitié de l'oignon haché, un peu de piment et salez.

Mélangez les haricots rouges et la moitié des tomates, ajoutez le concentré de tomates, ½ cuil. à soupe d'huile, salez. Répartissez dans les verrines, recouvrez de purée d'avocats.

Mélangez le restant de tomates et d'oignon avec le maïs, ajoutez de l'huile, du vinaigre, quelques feuilles de coriandre ciselées, salez et poivrez. Répartissez sur la purée d'avocats.

Servez accompagné de tortilla chips.

Salade tricolore

Préparation : 30 minutes • Difficulté : ★ Budget : ★★

Pour 6 verrines

- **2 pamplemousses**
- **3 avocats**
- **Le jus de 1 citron**
- **270 g de saumon fumé**
- **2 cuil. à soupe d'huile d'olive**
- **1 cuil. à soupe de vinaigre de framboise**

Épluchez les pamplemousses à vif afin de prélever la pulpe et placez-la dans les verrines.

Épluchez et coupez les avocats en dés, arrosez-les de jus de citron, placez-les sur le pamplemousse puis couvrez de dés de saumon.

Mélangez l'huile d'olive et le vinaigre de framboise et versez cette vinaigrette sur les verrines.

Saumon en gelée

Préparation : 30 minutes • Repos : 3 heures • Cuisson : 20 minutes
Difficulté : ★ Budget : ★★

Pour 6 verrines

- **1 cube de bouillon de légumes**
- **Persil**
- **1 oignon**
- **3 pavés de saumon**
- **1 sachet de gelée au madère**
- **12 asperges vertes**
- **6 tranches de saumon fumé**
- **1 citron**
- **Aneth**
- **Sel et poivre**

Portez à ébullition une grande casserole d'eau avec le cube de bouillon, quelques brins de persil et l'oignon haché. Pochez les pavés de saumon 10 minutes. Égouttez-les et laissez-les refroidir.

Préparez la gelée en suivant les instructions, puis réservez.

Épluchez les asperges et faites-les cuire 10 minutes dans de l'eau bouillante, les pointes hors de l'eau. Égouttez-les, réservez les pointes et coupez les tiges en tronçons.

Coupez les tranches de saumon fumé en deux et plaquez-les sur les parois des verrines (conservez un petit morceau à chaque fois pour le décor).

Coupez les pavés de saumon en dés, placez-les dans les verrines avec les tronçons d'asperges, puis déposez 2 pointes d'asperge sur le dessus. Salez, poivrez, versez la gelée et laissez reposer au frais 3 heures.

Au moment de servir, décorez d'une rondelle de citron, d'un petit morceau de saumon fumé et d'un brin d'aneth.

Soupe au pistou

Préparation : 40 minutes • Repos : 3 heures • Cuisson : 1 heure
Difficulté : ★ Budget : ★★

Pour 4 personnes

- **100 g de haricots blancs**
- **100 g de haricots rouges**
- **2 courgettes**
- **3 carottes**
- **3 pommes de terre**
- **1 oignon**
- **100 g de haricots verts**
- **30 g de vermicelle**
- **50 g de parmesan**
- **Sel et poivre**

Pour le pistou
- **2 tomates**
- **3 gousses d'ail**
- **1 bouquet de basilic**
- **20 cuil. à soupe d'huile d'olive**

Faites tremper au préalable les haricots blancs et rouges pendant 3 heures dans de l'eau froide.

Coupez tous les légumes en petits morceaux et les haricots verts en tronçons. Mettez le tout dans une casserole avec les haricots, salez, poivrez et couvrez d'eau. Laissez cuire 50 minutes.

Préparez le pistou. Plongez les tomates 30 secondes dans de l'eau bouillante, puis épluchez-les et épépinez-les. Mixez-les avec l'ail, le basilic et l'huile d'olive.

Ajoutez le pistou aux légumes ainsi que le vermicelle, portez à ébullition puis arrêtez le feu. Laissez reposer.

Parsemez de copeaux de parmesan et servez.

Soupe fraîche de betterave et de pomme

Préparation : 30 minutes • Repos : 2 heures • Cuisson : 5 minutes
Difficulté : ★ Budget : ★

Pour 4 verrines

- **2 pommes**
- **1 cube de bouillon de légumes**
- **1 betterave cuite**
- **1 cuil. à café d'huile de sésame**
- **2 cuil. à café de vinaigre balsamique blanc**
- **Chips de pomme**
- **Sel**

Épluchez et râpez les pommes.

Portez 25 cl d'eau à ébullition avec le cube de bouillon.

Coupez la betterave en dés, placez-la dans le bol d'un mixeur, ajoutez les pommes râpées, le bouillon et mixez le tout à l'aide d'un mixeur plongeant.

Ajoutez l'huile de sésame, le vinaigre et ajustez l'assaisonnement. Laissez reposer 2 heures minimum au frais.

Au moment de servir, versez la soupe fraîche dans les verrines, ainsi que quelques gouttes d'huile de sésame et décorez d'une chips de pomme.

Soupe fraîche de concombre

Préparation : 20 minutes • Repos : 2 heures • Difficulté : ★ Budget : ★★

Pour 6 verrines

- **300 g de concombre**
- **8 yaourts grecs**
- **2 gousses d'ail**
- **1 cuil. à soupe de sauce soja**
- **Ciboulette**
- **30 gambas (décortiquées)**
- **1 cuil. à soupe de paprika**
- **Sel et poivre**

Épluchez et mixez le concombre avec les yaourts et l'ail. Ajoutez la sauce soja et 1 cuil. à soupe de ciboulette ciselée. Salez, poivrez et réservez au frais 2 heures.

Versez la soupe de concombre dans les verrines, déposez des gambas décortiquées dessus, saupoudrez d'un peu de paprika et décorez de brins de ciboulette. Servez très frais.

Soupes chinoises

Préparation : 30 minutes • Cuisson : 55 minutes • Difficulté : ★ Budget : ★★

Pour 4 verrines

- **1 poireau**
- **1 carotte**
- **1 oignon**
- **1 cube de bouillon de légumes**
- **1 cuil. à soupe de coulis de tomates**
- **Cardamome en poudre**
- **Gingembre en poudre**
- **Coriandre**
- **1 cuil. à soupe d'huile de sésame**
- **1 cuil. à soupe de sauce soja**
- **80 g de vermicelle de soja**
- **200 g de crevettes roses**
- **120 g de pousses de haricot mungo (germes de soja)**
- **Sel**

Coupez le poireau, la carotte et l'oignon en fine julienne.

Versez 2 l d'eau dans une casserole, ajoutez le cube de bouillon, les légumes, le coulis et portez à ébullition.

Baissez le feu, ajoutez une pincée de cardamome et de gingembre, 1 cuil. à soupe de coriandre ciselée, l'huile de sésame, la sauce soja et laissez cuire 45 minutes.

Arrêtez le feu, ajoutez le vermicelle, les crevettes, les pousses de haricot mungo et laissez reposer 15 minutes.

Vérifiez l'assaisonnement et servez.

Tartare de haddock

Préparation : 20 minutes • Difficulté : ★ Budget : ★★

Pour 6 verrines

- **300 g de fromage blanc**
- **Le jus de 1 citron**
- **80 g de concombre**
- **60 g d'œufs de truite**
- **1 pamplemousse**
- **100 g de filet de haddock**
- **Coriandre**
- **Sel**

Mélangez le fromage blanc avec le jus de citron, le concombre coupé en petits dés et les œufs de truite. Salez légèrement et répartissez ce mélange dans les verrines.

Épluchez à vif le pamplemousse, coupez-le en petits morceaux ainsi que le haddock.

Mélangez les morceaux de pamplemousse et de haddock. Ajoutez 1 cuil. à soupe de coriandre hachée et placez ce tartare sur le fromage blanc.

Placez au frais jusqu'au moment de servir.

Tartare de Saint-Jacques et de mangue

Préparation : 20 minutes • Repos : 20 minutes • Difficulté : ★ Budget : ★★★

Pour 6 verrines

- **1 citron vert**
- **12 noix de Saint-Jacques**
- **2 cuil. à café d'huile d'olive**
- **2 cuil. à café de gingembre en poudre**
- **1 mangue bien mûre**
- **Baies roses**
- **Sel et poivre**

Prélevez le zeste du citron ainsi que le jus.

Coupez les noix de Saint-Jacques en petits dés, mélangez-les au jus de citron, au zeste et à l'huile d'olive. Ajoutez le gingembre, salez et poivrez, puis laissez reposer 20 minutes au frais.

Épluchez et coupez la mangue en petits dés. Mélangez-les au tartare de Saint-Jacques.

Ajoutez les baies, répartissez le tartare dans les verrines et décorez de quelques zestes de citron vert. Servez bien frais.

Tartares de thon

Préparation : 20 minutes • Repos : 15 minutes • Cuisson : 2 minutes
Difficulté : ★ Budget : ★★

Pour 4 verrines

- **300 g de thon rouge ultrafrais**
- **2 citrons verts**
- **1 courgette**
- **1 mangue**
- **4 cuil. à soupe de lait de coco**
- **1 cuil. à soupe de noix de coco en poudre**
- **1 cuil. à soupe de graines de sésame doré**
- **Ciboulette**
- **Persil plat**
- **Sel et poivre**

Coupez le thon en dés, mettez-le dans un plat avec le jus d'un citron vert et laissez macérer 15 minutes.

Pendant ce temps, coupez 8 lamelles de courgette à l'aide d'un économe ou d'une mandoline, plongez-les 2 minutes dans de l'eau bouillante salée.

Égouttez-les bien avant de les placer dans le fond des verrines en les collant sur le verre. Coupez le reste de la courgette en petits cubes, que vous blanchirez également.

Détaillez environ 200 g de mangue en cubes.

Ajoutez au thon, la mangue, la courgette et le reste des ingrédients, salez et poivrez.

Mettez ce tartare dans les verrines, décorez d'un morceau de citron vert et de graines de sésame.

Thon sur fromage aux herbes

Préparation : 15 minutes • Difficulté : ★ Budget : ★

Pour 4 verrines

- **400 g de faisselle**
- **2 cuil. à soupe d'huile d'olive**
- **Ciboulette**
- **Basilic**
- **8 olives vertes dénoyautées**
- **140 g de thon au naturel en boîte**
- **1 tomate**
- **2 tomates cerise**
- **Sel et poivre**

Égouttez la faisselle, ajoutez 1 cuil. à soupe d'huile d'olive, un peu de ciboulette ciselée et de basilic haché et les olives coupées en morceaux. Salez et poivrez. Réservez.

Égouttez le thon, ajoutez 1 cuil. à soupe d'huile d'olive, de la ciboulette et du basilic ciselés.

Versez le fromage aux herbes dans les verrines. Déposez sur le fromage 1 rondelle de tomate puis le thon.

Décorez avec la moitié d'1 tomate cerise, 1 olive et 1 petite feuille de basilic. Servez bien frais.

Velouté de topinambours aux magrets fumés

Préparation : 30 minutes • Cuisson : 40 minutes • Difficulté : ★ Budget : ★★

Pour 6 verrines

- **2 kg de topinambours**
- **2 pommes de terre**
- **2 cuil. à soupe d'huile d'olive**
- **2 cubes de bouillon de légumes**
- **6 cuil. à soupe de crème fraîche épaisse**
- **2 cuil. à soupe d'amandes effilées**
- **80 g de foie gras**
- **90 g de magrets de canard fumé**
- **Graines germées**
- **Sel et poivre**

Épluchez les légumes. Coupez-les en dés et faites-les revenir 10 minutes dans l'huile d'olive.

Ajoutez les cubes de bouillon, versez de l'eau pour couvrir tout juste les légumes et laissez cuire 30 minutes.

Mixez finement et ajoutez la crème. Rectifiez l'assaisonnement.

Grillez les amandes à sec dans une poêle.

Coupez le foie gras en dés et retirez le gras des filets de magret.

Versez le velouté dans les verrines. Répartissez les dés de foie gras, déposez 3 ou 4 filets de magret, parsemez d'amandes grillées et décorez de graines germées. Servez aussitôt.

Vermicelles chinois aux crevettes piquantes

Préparation : 30 minutes • Cuisson : 5 minutes • Difficulté : ★ Budget : ★★

Pour 6 verrines

- **600 g de crevettes roses**
- **2 cuil. à soupe d'huile d'arachide**
- **2 gousses d'ail**
- **1 cuil. à café de gingembre en poudre**
- **½ cuil. à café de piment de Cayenne**
- **3 cuil. à soupe de sauce soja**
- **2 cuil. à soupe de vinaigre de riz**
- **4 cuil. à soupe de coulis de tomates**
- **100 g de pousses de bambou**
- **100 g de petits pois**
- **200 g de vermicelle de soja**

Décortiquez les crevettes en conservant uniquement les queues.

Faites chauffer 1 cuil. à soupe d'huile dans un wok, ajoutez les crevettes, l'ail réduit en purée, le gingembre et le piment.

Arrosez de sauce soja, de vinaigre de riz et de coulis de tomates. Ajoutez les pousses de bambou et les petits pois, puis mélangez.

Plongez les vermicelles 1 à 2 minutes dans une casserole d'eau bouillante salée. Dès que les vermicelles ont ramolli, égouttez-les bien. Placez-les dans un plat et arrosez de 1 cuil. à soupe d'huile.

Répartissez les vermicelles et les crevettes dans les verrines en les alternant. Servez.

Verrines à la japonaise

Préparation : 30 minutes • Cuisson : 30 minutes • Difficulté : ★★ Budget : ★★

Pour 12 verrines

- **50 g de riz rond**
- **1 cuil. à soupe de vinaigre de riz**
- **2 cuil. à café de sucre**
- **2 feuilles de nori**
- **100 g de saumon fumé**
- **½ avocat**
- **Wasabi**
- **Sauce soja**
- **Sel**

Lavez le riz dans l'eau froide et égouttez-le bien. Mettez-le dans une casserole avec 2 fois son volume en eau salée. Portez à ébullition et laissez bouillir 2 minutes. Baissez le feu, couvrez et laissez cuire pendant 20 à 30 minutes. Le riz doit avoir absorbé l'eau et être collant.

Dans une tasse, mélangez le vinaigre de riz et le sucre puis ajoutez-les au riz.

Coupez les feuilles de nori ainsi que le saumon à la dimension de vos verrines.

Épluchez et taillez l'avocat en bâtonnets.

Alternez dans vos verrines une couche de riz, une couche de saumon, une couche d'avocat, les feuilles de nori et du wasabi (juste une petite pointe). Couvrez avec du film alimentaire et placez au frais.

Servez accompagné de sauce soja qu'il suffira de verser sur la verrine selon ses goûts.

Conseil : vous pouvez également utiliser de la betterave, du concombre ou encore un autre poisson.

Verrines d'été poivron-melon

Préparation : 20 minutes • Cuisson : 30 minutes • Repos : 1 heure
Difficulté : ★ Budget : ★★

Pour 6 verrines

- **1 poivron jaune**
- **1 oignon rouge**
- **1 cuil. à soupe d'huile d'olive**
- **1 cuil. à café de romarin**
- **120 g de fromage frais**
- **1 melon**
- **Sel**

Épépinez le poivron et coupez-le en fines lamelles.

Émincez finement l'oignon, mélangez-le au poivron, arrosez d'huile d'olive, salez et saupoudrez de romarin.

Placez le tout dans une petite cocotte en verre avec son couvercle et mettez au four pendant 30 minutes à 180 °C (th. 6). Les légumes doivent confire légèrement mais ne pas colorer. Laissez ensuite refroidir.

Placez au fond de chaque verrine un peu de poivron et d'oignon. Couvrez de fromage frais travaillé à la fourchette.

À l'aide d'une cuillère parisienne, prélevez des billes de melon et déposez-les sur le fromage. Ajoutez quelques lamelles de poivron et arrosez du jus de cuisson.

Placez au frais 1 heure minimum. Avant de servir, décorez d'un brin de romarin.

Verrines de fèves et saumon

Préparation : 20 minutes • Cuisson : 3 minutes • Difficulté : ★ Budget : ★★

Pour 6 verrines

- **1 kg de fèves fraîches**
- **3 cuil. à soupe d'huile d'olive**
- **1 cuil. à soupe de jus de citron**
- **2 cuil. à soupe de sauce soja**
- **Coriandre**
- **400 g de pavés de saumon**
- **Sel et poivre**

Écossez les fèves et plongez-les 2 minutes dans une casserole d'eau bouillante puis retirez leur peau.

Mélangez les fèves avec l'huile, le jus de citron, la sauce soja, de la coriandre ciselée, salez et poivrez.

Poêlez le saumon coupé en dés 1 minute dans un peu d'huile. Il doit rester cru au centre.

Salez et poivrez, puis ajoutez-le aux fèves froides et répartissez le tout dans les verrines. Servez aussitôt.

Verrines du soleil

Préparation : 30 minutes • Cuisson : 40 minutes • Difficulté : ★ Budget : ★★

Pour 4 verrines

Pour le caviar d'aubergines

- **2 aubergines**
- **Thym**
- **4 gousses d'ail**
- **2 cuil. à soupe d'huile d'olive**
- **6 olives noires dénoyautées**
- **2 cuil. à soupe de jus de citron**
- **2 cuil. à café de concentré de tomates**
- **Sel et poivre**
- **4 tomates**
- **1 cuil. à soupe d'huile d'olive**
- **Basilic**
- **250 g de chèvre frais**
- **1 cuil. à café de confit de tomates séchées**
- **1 tomate séchée**

Coupez les aubergines en deux, placez-les sur une plaque de cuisson, incisez-les de grandes croix. Saupoudrez de thym et d'ail coupé en dés. Arrosez-les d'huile d'olive, salez, poivrez et placez dans un four à 200 °C (th. 6-7) pour 40 minutes.

Quand les aubergines sont cuites, récupérez la chair et placez-la dans le bol d'un mixeur. Ajoutez les olives dénoyautées, le jus de citron et le concentré de tomates et mixez le tout afin d'obtenir une purée. Vérifiez l'assaisonnement et laissez refroidir.

Coupez les tomates en cubes, placez-les dans un bol, huilez et ajoutez le basilic.

Laissez tempérer le fromage et travaillez-le à la fourchette pour obtenir une consistance onctueuse.

Placez la moitié du caviar d'aubergines dans les verrines, puis une partie des dés de tomates et recouvrez du restant de caviar. Déposez le fromage de chèvre et recouvrez du restant de dés de tomates.

Décorez avec une touche de confit de tomates séchées et d'un quart de pétale de tomate séchée.

Verrines fraîcheur aux filets de canard fumé

Préparation : 20 minutes • Difficulté : ★ Budget : ★★

Pour 6 verrines

- 1 tomate
- ¼ de concombre
- ¼ de poivron jaune
- 1 cuil. à soupe d'huile d'olive
- 1 cuil. à café de basilic
- 150 g de chèvre frais
- 100 g de ricotta
- 1 cuil. à café d'herbes de Provence
- 30 filets de canard fumé
- Graines germées
- Sel et poivre

Épépinez et coupez la chair de la tomate en petits dés. Faites la même chose pour le concombre et le poivron. Arrosez-les d'huile d'olive, salez, saupoudrez de basilic et répartissez-les dans 6 petites verrines.

Mélangez le fromage de chèvre et la ricotta. Ajoutez les herbes de Provence, poivrez, puis déposez le fromage sur les légumes.

Roulez les filets de canard fumé sur eux-mêmes et placez-les dans les verrines.

Décorez de graines germées et réservez au frais.

Verrines scandinaves

Préparation : 20 minutes • Difficulté : ★ Budget : ★★

Pour 4 verrines

- **1 pamplemousse**
- **1 avocat**
- **200 g de saumon fumé en dés**
- **Aneth**
- **Mâche**
- **200 g de crevettes roses**
- **1 cuil. à soupe de vinaigre de framboise**
- **2 cuil. à soupe d'huile d'olive**
- **Baies roses**

Épluchez le pamplemousse à vif afin de récolter la pulpe.

Épluchez et coupez l'avocat en morceaux. Mélangez le saumon avec de l'aneth ciselé, en conservant quelques brins pour le décor.

Alternez dans les verrines, la mâche, l'avocat, le pamplemousse, le saumon et les crevettes.

Assaisonnez avec le vinaigre et l'huile et décorez les verrines avec quelques baies roses et de l'aneth.

Conseil : servez avec du pain plat scandinave.

Ananas vanillé sur lit de coco

Préparation : 20 minutes • Cuisson : 30 minutes • Difficulté : ★ Budget : ★★

Pour 6 verrines

- **40 cl de lait de coco**
- **10 cl de crème liquide allégée**
- **15 cl de lait**
- **80 g de tapioca**
- **50 g de sucre**
- **6 tranches d'ananas**
- **50 g de beurre**
- **1 gousse de vanille**

Faites bouillir le lait de coco, la crème et le lait. Ajoutez le tapioca et le sucre. Laissez cuire à feu doux en remuant de temps en temps pendant 20 minutes environ. Versez le tapioca dans les verrines et laissez refroidir.

Coupez les tranches d'ananas en petits morceaux. Faites chauffer une noix de beurre dans une poêle et faites dorer l'ananas.

Coupez la gousse de vanille dans le sens de la longueur et récupérez les graines à l'aide d'un couteau. Ajoutez-les à l'ananas.

Répartissez l'ananas dans les verrines et décorez-les d'une feuille d'ananas.

Conseil : vous pouvez servir aussitôt, vous obtiendrez ainsi un délicieux dessert chaud-froid.

Banana split

Préparation : 40 minutes • Repos : 1 h 30 • Cuisson : 20 minutes
Difficulté : ★ Budget : ★

Pour 4 verrines

- **4 bananes**
- **30 g de beurre**
- **40 cl de lait**
- **25 cl de crème liquide entière**
- **1 gousse de vanille**
- **120 g de sucre**
- **40 g de Maïzena**
- **10 cl de coulis de fraises**
- **4 meringues (de petite taille)**

Coupez les bananes en rondelles, faites chauffer le beurre dans une grande poêle et faites-les dorer. Laissez-les refroidir sur un plat.

Dans une casserole, faites chauffer 20 cl de lait, 12,5 cl de crème, 60 g de sucre et les graines de vanille prélevées dans la gousse. Diluez 20 g de Maïzena avec 5 cl de lait et ajoutez le tout au mélange. Faites épaissir en mélangeant constamment.

Placez des rondelles dorées de banane sur la paroi des verrines, versez la crème à la vanille et laissez figer 30 minutes au frais.

Mélangez dans une casserole 10 cl de lait, 12,5 cl de crème, 10 cl de coulis de fraises, 60 g de sucre et faites chauffer. Diluez 20 g de Maïzena avec 5 cl de lait et versez dans la casserole. Faites épaissir en mélangeant doucement et régulièrement.

Déposez des rondelles de banane sur la crème à la vanille, versez la crème à la fraise et replacez au frais pour 1 heure.

Finissez de décorer en déposant les rondelles de banane restantes et placez au centre une petite meringue.

Conseil : ne faites pas trop cuire les bananes, car elles ne seraient plus manipulables.

Blanc-manger aux framboises

Préparation : 40 minutes • Repos : 5 heures • Cuisson : 10 minutes
Difficulté : ★ Budget : ★★

Pour 6 verrines

Pour le coulis
- **80 g de coulis de framboises**
- **80 g de sucre**
- **1 feuille de gélatine**

Pour l'entremets
- **8 feuilles de gélatine**
- **30 cl de lait de coco**
- **20 cl de lait entier**
- **150 g de sucre**
- **20 cl de crème liquide entière**

Pour le nappage
- **250 g de framboises**
- **2 sachets de nappage pour tarte**
- **Colorant rouge**

Préparez le coulis : chauffez le coulis de framboises avec le sucre, ajoutez la gélatine préalablement ramollie dans de l'eau froide et versez-le dans le fond des verrines. Laissez prendre 1 heure.

Préparez l'entremets : mettez les 8 feuilles de gélatine à ramollir dans un peu d'eau froide.

Mélangez dans une casserole le lait de coco avec le lait et le sucre, puis ajoutez les feuilles de gélatine et laissez tiédir.

Montez la crème liquide en chantilly et ajoutez-la au mélange précédent. Versez cette préparation dans les verrines et placez-les au frais au minimum 4 heures.

Déposez les framboises sur les entremets. Préparez le nappage comme indiqué sur le paquet, avec 20 cl d'eau (ou de jus de fruits), et ajoutez 2 gouttes de colorant rouge. Nappez les framboises et remettez au frais.

Conseil : vous pouvez remplacer le nappage pour tarte par 1 feuille de gélatine dissoute dans 20 cl d'eau.

Café frappé

Préparation : 10 minutes • Repos : 1 heure • Difficulté : ★ Budget : ★

Pour 6 verrines

- **50 g de sucre glace**
- **1 blanc d'œuf**
- **100 g de fromage blanc**
- **1,5 cuil. à soupe de crème fraîche épaisse**
- **5 cl de lait**
- **75 cl de café liquide froid**
- **6 bâtonnets de sucre roux**

Mélangez le sucre glace et le blanc d'œuf. Ajoutez le fromage blanc et la crème, puis diluez petit à petit avec le lait et 15 cl de café.

Filtrez ce mélange et versez-le dans le siphon. Fermez-le et vissez une cartouche de gaz. Secouez le siphon et placez-le au frais pendant 1 heure.

Environ 10 minutes avant de servir, placez le reste de café au congélateur.

Versez le café glacé dans les tasses, sortez le siphon, secouez-le, mettez-le tête en bas et placez la mousse de café sur le café.

Servez aussitôt accompagné de bâtonnets de sucre.

Cheesecake au citron vert et aux myrtilles

Préparation : 1 h 30 • Cuisson : 30 minutes • Difficulté : ★★ Budget : ★★★

Pour 6 personnes

Pour la génoise

- 1 œuf
- 40 g de sucre
- 25 g de farine
- 10 g de Maïzena

Pour la mousse

- 2,5 citrons verts non traités
- 2 œufs
- 60 g de sucre
- 1 g d'agar-agar
- 200 g de ricotta
- 20 cl de crème liquide entière
- 2 sachets de sucre vanillé

Pour la finition

- 2,5 citrons verts non traités
- 80 g de sucre
- 250 g de myrtilles

Préparez la génoise : battez le jaune d'œuf avec 30 g de sucre jusqu'à ce que le mélange blanchisse. Ajoutez la farine et la Maïzena. Montez le blanc d'œuf en neige avec une pincée de sucre. Quand il commence à mousser, ajoutez 10 g de sucre et battez jusqu'à ce qu'il soit lisse et brillant. Incorporez-le délicatement au mélange précédent. Versez cette pâte dans 3 moules à muffin largement beurrés ou en silicone. Mettez au four 25 minutes à 160 °C (th. 5-6) puis sortez-les. Attendez 10 minutes, démoulez et laissez refroidir.

Préparez la mousse au citron : mettez le jus de 2 citrons dans un saladier en inox, avec les jaunes d'œufs, 40 g de sucre et les zestes. Chauffez au bain-marie et mélangez constamment jusqu'à ce que le mélange prenne une consistance crémeuse. Cela prend environ 10 minutes. Ajoutez l'agar-agar, donnez un bouillon puis laissez chauffer encore 1 minute, retirez du feu et laissez tiédir.

Fouettez la mousse au citron avec la ricotta et le jus de ½ citron. Fouettez la crème liquide en chantilly, ajoutez le sucre vanillé et incorporez-la délicatement au mélange ricotta-citron. Répartissez cette mousse dans les verrines et placez au frais.

Pressez les citrons restants, prélevez les zestes et portez le tout à ébullition avec 80 g de sucre et 10 cl d'eau. Laissez refroidir.

Coupez les petites génoises pour avoir 6 disques que vous imbiberez de sirop de citron puis déposez-les sur les mousses. S'il reste du sirop, répartissez-le sur les génoises qui vont doucement gonfler. Replacez au frais. Déposez des myrtilles et servez.

Cheesecake fleuri

Préparation : 40 minutes • Repos : 1 heure • Difficulté : ★ Budget : ★★

Pour 4 verrines

- **100 g de ricotta**
- **80 g de fromage blanc**
- **50 g de sucre**
- **1 g d'agar-agar**
- **2 cuil. à soupe d'eau de rose**
- **Colorant rouge**
- **8 cl de crème liquide entière**

Pour la mousse à la violette

- **1 œuf**
- **30 g de sucre**
- **2 cuil. à café de Maïzena**
- **10 cl de lait**
- **1 cuil. à soupe de sirop de violette**
- **Colorant bleu**
- **Colorant rouge**
- **Gelée de cassis**
- **60 g de beurre**
- **Fleurs de violette cristallisées**

Mélangez la ricotta avec le fromage blanc et le sucre afin d'obtenir un mélange onctueux.

Mélangez l'agar-agar à l'eau de rose, donnez un bouillon et ajoutez au mélange précédent. Donnez une jolie couleur rose avec quelques gouttes de colorant rouge.

Montez la crème liquide en chantilly et incorporez-la délicatement. Versez cette préparation dans les verrines et réservez au frais au moins 1 heure.

Préparez la mousse : battez l'œuf et le sucre, ajoutez la Maïzena. Versez dessus le lait bouillant additionné de sirop de violette et faites épaissir sur feu doux. Donnez une couleur violette avec une goutte de colorant bleu et une goutte de colorant rouge ou 1 cuil. à café de gelée de cassis. Filmez au contact à l'aide de film alimentaire et laissez refroidir.

Ajoutez le beurre tempéré et fouettez au batteur électrique jusqu'à obtenir une crème mousseuse.

À l'aide d'une poche à douille, déposez la crème à la violette sur le cheesecake à la rose. Décorez de violettes cristallisées.

Conseil : vous pouvez remplacer l'agar-agar par 2 feuilles de gélatine.

Chiboust à la fraise et à la pistache

Préparation : 1 heure • Repos : 4 heures • Cuisson : 1 h 20 • Difficulté : ★★ Budget : ★★

Pour 6 verrines

Pour la panna cotta au chocolat blanc

- **30 cl de crème liquide**
- **20 cl de lait**
- **100 g de chocolat blanc à pâtisser**
- **3 feuilles de gélatine**
- **100 g de pistaches fraîches**

Pour la crème Chiboust à la fraise

- **10 cl de lait**
- **2 œufs**
- **140 g de sucre**
- **15 g de Maïzena**
- **1 feuille de gélatine**
- **2 cuil. à soupe de coulis de fraises**

Préparez la panna cotta : dans une casserole, mettez la crème, le lait, le chocolat blanc et portez à ébullition. Ajoutez la gélatine préalablement ramollie dans de l'eau froide et versez dans les verrines. Laissez refroidir et placez au frais 2 heures minimum.

Torréfiez les pistaches quelques minutes dans une poêle à sec puis concassez-les grossièrement.

Préparez la crème Chiboust : faites chauffer le lait. Battez les jaunes d'œufs avec 20 g de sucre jusqu'à ce que le mélange blanchisse puis ajoutez la Maïzena. Ajoutez le lait bouillant et faites épaissir à feu doux. Hors du feu, ajoutez la gélatine préalablement ramollie dans de l'eau froide et essorée ainsi que le coulis de fraises. Filmez au contact et réservez.

Dans une casserole, mélangez les 120 g de sucre restants et 4 cl d'eau et portez à 120 °C.

Pendant ce temps, préparez les meringues : montez les blancs en neige et versez doucement le sirop chaud sans arrêter de battre. Battez jusqu'à total refroidissement.

Dressez 6 petites meringues sur une plaque de cuisson, saupoudrez-les de sucre glace et faites-les cuire 1 heure à 110 °C (th. 3-4).

Incorporez délicatement le restant des blancs dans la crème à la fraise tiède. Répartissez les pistaches dans les verrines puis couvrez de crème Chiboust à la fraise. Placez au frais 2 heures. Au moment de servir, décorez d'une meringue et de pistaches entières.

Chiboust au citron

Préparation : 40 minutes • Cuisson : 20 minutes • Difficulté : ★★ Budget : ★

Pour 6 verrines

Pour la crème de citron

- **2 citrons non traités**
- **4 œufs**
- **80 g de sucre**
- **80 g de beurre**
- **6 meringues (de petite taille)**

Pour la crème Chiboust au citron

- **8 cl de lait**
- **Le jus de ½ citron**
- **2 œufs**
- **120 g de sucre**
- **15 g de Maïzena**
- **1 feuille de gélatine**

Préparez la crème de citron : pressez le citron et prélevez son zeste. Dans un saladier en Inox, mettez le jus de citron et le zeste, les œufs, le sucre et le beurre coupé en morceaux.

Faites chauffer au bain-marie en mélangeant au fouet en continu jusqu'à épaississement. Versez dans les verrines et laissez refroidir.

Passez ensuite au chiboust : faites chauffer le lait et le jus de citron. Séparez les blancs des jaunes d'œufs. Battez les jaunes avec 20 g de sucre pour qu'ils blanchissent, puis ajoutez la poudre à flan.

Ajoutez ce mélange dans la casserole contenant le lait et le jus de citron et faites épaissir à feu doux. Hors du feu, ajoutez la gélatine préalablement ramollie dans de l'eau froide et essorée. Filmez au contact et réservez.

Dans une casserole, mélangez les 100 g de sucre restants avec 2,5 cl d'eau, puis portez à 110 °C.

Pendant ce temps, montez les blancs en neige ferme et versez doucement le sirop chaud sans cesser de battre. Battez jusqu'au total refroidissement. Incorporez les blancs dans la crème Chiboust encore chaude, un tiers assez vivement pour détendre la crème, puis le reste très délicatement.

Coupez les meringues en morceaux, placez-les sur la crème de citron puis versez la crème Chiboust.

Placez au frais et décorez d'une rondelle de citron séchée.

Chocolat crémeux aux épices

Préparation : 20 minutes • Repos : 1 heure • Cuisson : 15 minutes
Difficulté : ★ Budget : ★

Pour 6 personnes

- **70 cl de lait**
- **200 g de chocolat noir**
- **1 cuil. à café de quatre-épices**
- **40 cl de crème liquide**
- **1 cuil. à soupe de cacao en poudre non sucré**

Versez le lait dans une casserole, ajoutez le chocolat coupé en petits morceaux, les épices et mettez le tout sur feu doux pendant 15 minutes en remuant régulièrement.

Ajoutez 20 cl de crème et laissez cuire encore 1 minute.

Versez la préparation dans les verrines et laissez refroidir.

Fouettez la crème restante en chantilly et, à l'aide d'une poche à douille, déposez-la sur le chocolat. Placez les verrines au frais au minimum 1 heure.

Saupoudrez la crème Chantilly de cacao et dégustez frais à la paille.

Chocolat et menthe poivrée

Préparation : 45 minutes • Repos : 2 heures • Cuisson : 10 minutes
Difficulté : ★ Budget : ★★

Pour 6 personnes

Pour la crème à la menthe

- 30 cl de lait
- 2 œufs
- 40 g de sucre
- 30 g de Maïzena
- 10 feuilles de menthe
- Colorant vert
- 90 g de biscuits type Mikado

Pour la crème chocolatée

- 10 feuilles de menthe
- 30 cl de lait
- 20 cl de crème liquide
- 3 jaunes d'œufs
- 50 sucre
- 150 g de chocolat

Préparez la crème à la menthe : faites macérer les feuilles de menthe dans le lait pendant 1 heure.

Faites bouillir le lait avec les feuilles. Battez les œufs avec le sucre et la Maïzena puis versez le lait bouillant filtré. Ajoutez quelques gouttes de colorant vert.

Remettez sur feu doux et faites épaissir. Versez cette crème dans les verrines et laissez refroidir.

Préparez la crème chocolatée : faites macérer les feuilles de menthe dans le lait pendant 1 heure.

Mettez le lait avec les feuilles de menthe et la crème à bouillir dans une casserole. Battez les jaunes d'œufs avec le sucre.

Filtrez le lait pour retirer les feuilles de menthe, ajoutez le mélange œufs-sucre et faites épaissir sur feu doux puis ajoutez le chocolat. Mélangez jusqu'à ce que le chocolat soit totalement fondu.

Placez 4 Mikado de taille différente dans la crème à la menthe. Versez par-dessus la crème chocolatée. Placez au frais 2 heures.

Décorez de feuilles de menthe avant de servir.

Conseil : vous pouvez utiliser de la menthe classique ou la remplacer par 2 cuil. à soupe de sirop de menthe glaciale pour chaque crème.

Confit de figues et crémet de fromage blanc

Préparation : 40 minutes • Cuisson : 30 minutes • Difficulté : ★★ Budget : ★★

Pour 6 verrines

Pour le confit
- **500 g de figues**
- **4 cuil. à soupe de sucre**

Pour le crémet
- **500 g de faisselle**
- **50 g de sucre**
- **20 cl de crème fleurette**
- **1 sachet de sucre vanillé**
- **2 blancs d'œufs**

Pour les noisettes
- **5 cuil. à soupe de sucre**
- **18 noisettes**

Coupez les figues en quatre. Déposez-les dans une casserole avec le sucre et 2 cuil. à soupe d'eau. Laissez-les cuire à feu doux 30 minutes environ en mélangeant de temps en temps.

Dans un saladier, mettez la faisselle et remuez-la pour qu'elle devienne onctueuse puis ajoutez le sucre.

Montez la crème en chantilly très ferme, ajoutez le sucre vanillé à la fin et incorporez-la à la faisselle.

Montez les blancs en neige bien ferme et ajoutez-les au mélange faisselle et chantilly.

Alternez les couches de confit de figues et de crémet dans les verrines. Placez au frais 2 heures.

Faites un caramel à sec avec les 5 cuil. à soupe de sucre et plongez-y les noisettes que vous déposerez ensuite par trois sur une feuille de papier sulfurisé. Laissez-les durcir et déposez-les sur les verrines au moment de servir.

Conseil : pour faire un caramel à sec, mettez un peu de sucre dans une casserole, faites chauffer et quand le sucre fond, ajoutez le reste petit à petit. Mélangez doucement jusqu'à ce que le caramel prenne sa couleur ambrée.

Coupe grenadine

Préparation : 1 h 20 • Repos : 1 nuit + 2 heures • Cuisson : 20 minutes
Levée 2 : la veille : préparation : 10 minutes • Difficulté : ★★ Budget : ★★

Pour 4 verrines

- **100 g de chocolat blanc à pâtisser**
- **13 cl de crème liquide entière**
- **6 cuil. à soupe de sirop de grenadine**
- **2 œufs**
- **80 g de sucre**
- **Le zeste de ½ citron non traité**
- **50 g de farine**
- **15 g de Maïzena**
- **1 grenade**
- **Sel**

La veille, faites fondre le chocolat blanc avec 3 cl de crème au four à micro-ondes et laissez tiédir. Ajoutez le restant de crème, 2 cuil. à soupe de sirop de grenadine et placez une nuit au réfrigérateur.

Fouettez les jaunes d'œufs avec 50 g de sucre. Ajoutez le zeste de citron, la farine et la Maïzena.

Montez les blancs en neige avec une pincée de sel en ajoutant le reste de sucre quand ils commencent à mousser. Incorporez délicatement les blancs à la préparation précédente.

Versez la pâte dans un petit moule de 18 cm de diamètre beurré et fariné. Mettez au four 20 minutes à 160 °C (th. 5-6). À la sortie du four, démoulez et laissez refroidir sur une grille.

Coupez des carrés de gâteau de Savoie que vous placerez au fond des verrines. Le gâteau doit remplir au maximum le fond de la verrine.

Diluez légèrement le sirop de grenadine avec 4 cuil. à soupe d'eau et imbibez le gâteau.

Fouettez le mélange crème et chocolat blanc pour obtenir une ganache mousseuse.

Récupérez les graines de la grenade, mettez 2 cuil. à soupe de graines sur les biscuits.

À l'aide d'une poche à douille, mettez la ganache dans les verrines et décorez de graines de grenade. Placez au frais pour 2 heures avant de servir.

Coupe meringuée

Préparation : 30 minutes • Repos : 24 heures • Cuisson : 1 h 30
Difficulté : ★ Budget : ★★

Pour 6 verrines

Pour les meringues

- 2 blancs d'œufs
- Jus de citron
- 120 g de sucre
- Colorant vert
- Colorant rouge
- 2 cuil. à soupe de sucre glace
- Sel

Pour la crème Chantilly

- 20 cl de crème liquide
- 2 sachets de sucre vanillé

Pour la finition

- 1 grenade

Préparez les meringues la veille : montez les blancs en neige avec quelques gouttes de jus de citron et une pincée de sel. Quand ils commencent à mousser, ajoutez le sucre en poudre petit à petit en continuant de battre jusqu'à obtention d'un mélange compact et brillant.

Séparez la préparation en deux et ajoutez quelques gouttes de colorant pour obtenir des meringues de 2 couleurs différentes.

Formez de grosses quenelles de meringue sur une plaque de cuisson recouverte d'une feuille de papier sulfurisé, saupoudrez-les de sucre glace. Mettez-les au four 1 h 30, à 100 °C (th. 4).

Une fois la cuisson terminée, éteignez le four et laissez la meringue refroidir à l'intérieur.

Le lendemain, montez la crème en chantilly avec le sucre vanillé.

Épluchez et égrainez la grenade. Cassez les meringues en gros morceaux.

Au moment de servir, montez les verrines en alternant les morceaux de meringues, la chantilly et la grenade. Servez aussitôt.

Couscous sucré

Préparation : 30 minutes • Cuisson : 2 minutes • Difficulté : ★ Budget : ★

Pour 6 personnes

- **160 g de semoule**
- **120 g de fraises**
- **3 sachets de sucre vanillé**
- **2 cuil. à soupe d'eau de fleur d'oranger**
- **40 g de pistaches fraîches**
- **2 oranges**
- **6 framboises**
- **6 feuilles de menthe**

Faites bouillir 30 cl d'eau et versez-la sur la semoule. Laissez-la gonfler, vérifiez la cuisson, ajoutez de l'eau si nécessaire et laissez refroidir.

Lavez et coupez quelques fraises en fines lamelles que vous placerez sur la paroi des verrines. Coupez le reste des fraises en petits morceaux, en mettant de côté quelques quartiers pour le décor.

Sucrez la semoule, ajoutez l'eau de fleur d'oranger, les fraises coupées en petits morceaux, les pistaches grossièrement hachées. Répartissez la semoule aux fruits dans les verrines et placez-les au frais. Pressez les oranges et conservez le jus au frais.

Au moment de servir, arrosez le couscous de jus d'orange et décorez de quartiers de fraises, d'une framboise et d'une petite feuille de menthe.

Conseil : n'ajoutez le jus d'orange qu'au moment de servir pour éviter que la semoule ne gonfle et devienne pâteuse.

Crème au lait d'amande et griottes

Préparation : 20 minutes • Difficulté : ★ Budget : ★★

Pour 4 verrines

- **50 cl de lait d'amande**
- **70 g de sucre**
- **3 cuil. à soupe de Maïzena**
- **150 g de griottes en bocal**

Mélangez le lait d'amande, le sucre et la Maïzena.

Faites épaissir sur le feu en mélangeant sans arrêter. Laissez tiédir.

Égouttez les griottes et déposez-les sur une feuille de papier absorbant.

Versez la crème dans les verrines ainsi que les griottes. Placez au frais avant de servir.

Conseil : vous pouvez remplacer le lait d'amande par du lait classique avec soit du sirop d'orgeat, soit de l'extrait d'amande amère.

Crème brûlée d'automne

Préparation : 30 minutes • Cuisson : 1 h 30 • Difficulté : ★ Budget : ★★

Pour 6 personnes

- **5 pommes**
- **Cannelle en poudre**
- **25 cl de crème liquide entière**
- **8 cl de lait**
- **6 caramels mous**
- **7 jaunes d'œufs**
- **40 g de sucre**

Épluchez les pommes, placez-les dans une casserole avec un verre d'eau et la cannelle.

Couvrez et laissez cuire 30 minutes à feu doux pour que les pommes soient bien cuites. Veillez à ce qu'il reste toujours un fond d'eau. Réduisez les pommes en compote et laissez refroidir.

Répartissez la compote dans les verrines.

Faites préchauffer le four à 100 °C (th. 3-4).

Faites bouillir la crème et le lait avec les caramels, mélangez pour aider à la dissolution.

Mélangez les jaunes d'œufs et le sucre jusqu'à ce que le mélange blanchisse. Versez les liquides bouillants sur les jaunes et le sucre. Mélangez sans faire mousser.

Versez la crème sur les compotes et placez les verrines au four dans un bain-marie pour 1 heure.

Sortez du four, laissez refroidir et placez au frais.

Au moment de servir, saupoudrez de sucre et caramélisez à l'aide d'un chalumeau.

Crème chocolatée

Préparation : 15 minutes • Cuisson : 30 minutes • Difficulté : ★ Budget : ★

Pour 6 personnes

- **30 cl de lait**
- **20 cl de crème liquide**
- **150 g de chocolat noir**
- **5 jaunes d'œufs**
- **50 g de sucre**

Chauffez le lait et la crème dans une casserole jusqu'à l'ébullition, puis versez les liquides bouillants sur le chocolat coupé en petits morceaux. Mélangez jusqu'à ce qu'il soit totalement fondu.

Fouettez les jaunes d'œufs avec le sucre puis versez le mélange au chocolat et mélangez.

Versez dans 6 ramequins que vous placerez dans un bain-marie de manière à ce que l'eau arrive à mi-hauteur des pots.

Mettez au four pour 30 minutes à 160 °C (th. 5-6).

Laissez refroidir et placez au frais.

Douceur de faisselle

Préparation : 10 minutes • Repos : 30 minutes • Difficulté : ★ Budget : ★★

Pour 6 personnes

- **1 kg de faisselle**
- **12 fraises séchées**
- **3 figues séchées**
- **6 abricots secs**
- **1 cuil. à soupe de pistaches fraîches**
- **100 g de miel**

Égouttez la faisselle minimum 30 minutes, répartissez-la dans les verrines.

Coupez les fruits en petits morceaux et déposez-les avec les pistaches fraîches sur la faisselle.

Finissez en arrosant de miel et servez aussitôt.

Conseil : évitez de mélanger le miel à la faisselle afin de mieux conserver les saveurs acidulées et sucrées de ce dessert.

Douceur de poires

Préparation : 30 minutes • Repos : 2 heures • Cuisson : 10 minutes
Difficulté : ★★ Budget : ★

Pour 6 personnes

- **9 palets bretons**
- **200 g de chocolat pâtissier**
- **15 cl de crème liquide**
- **450 g de poires au sirop**
- **60 g de billes chocolatées**

Pour la mousse de poire

- **200 g de purée de poires**
- **1 cuil. à café d'agar-agar**
- **1 blanc d'œuf**
- **1 cuil. à soupe d'eau-de-vie de poire**
- **70 g de sucre**
- **20 cl de crème liquide entière**

Faites chauffer la purée de poires, ajoutez-y l'agar-agar chauffé dans 3 cuil. à soupe d'eau. Ajoutez l'alcool de poire et mélangez bien.

Faites cuire 60 g de sucre et 1,5 cl d'eau dans une casserole à 120 °C.

Montez le blanc en neige au batteur électrique et ajoutez les 10 g de sucre restants quand il commence à mousser.

Lorsque le sucre atteint 120 °C, versez-le à petite vitesse sur le blanc d'œuf en neige. Battez à grande vitesse jusqu'à complet refroidissement.

Incorporez cette meringue italienne aux poires puis la crème montée en chantilly.

Répartissez cette mousse dans les verrines et laissez reposer 2 heures au frais.

Réduisez les sablés en miettes et répartissez-les dans les verrines.

Faites fondre le chocolat avec la crème au four à micro-ondes 3 fois 30 secondes, laissez tiédir et versez sur la mousse.

Une fois le chocolat refroidi, placez les poires coupées en dés et décorez de billes chocolatées.

Duo chocolat-coco

Préparation : 20 minutes • Cuisson : 10 minutes • Difficulté : ★ Budget : ★★

Pour 4 verrines

Pour la crème au chocolat

- **2 carrés de chocolat pâtissier**
- **25 cl de lait**
- **15 g de Maïzena**
- **40 g de sucre**
- **25 g de cacao en poudre non sucré**
- **5 cl de crème liquide**

Pour la mousse coco

- **10 cl de lait**
- **15 g de Maïzena**
- **50 g de sucre**
- **20 cl de lait de coco**
- **1 cuil. à soupe de noix de coco en poudre**
- **20 cl de crème liquide entière**
- **Copeaux de chocolat**

Faites fondre au four à micro-ondes les 2 carrés de chocolat dans une tasse et, à l'aide d'un pinceau de cuisine, décorez l'intérieur de vos verrines.

Mettez le lait dans une casserole ainsi que la Maïzena, le sucre et le cacao, puis faites chauffer et épaissir en mélangeant constamment.

Hors du feu, ajoutez la crème liquide.

Versez la crème au chocolat dans les verrines.

Préparez la crème coco de la même façon que la crème au chocolat. Laissez-la tiédir et ajoutez la crème liquide montée en chantilly. Versez la mousse sur la crème au chocolat refroidie et placez au frais. Décorez de copeaux de chocolat.

Duo de mousses

Préparation : 45 minutes • Repos : 2 heures • Cuisson : 10 minutes
Difficulté : ★ Budget : ★★

Pour 6 verrines

- **100 g de chocolat pâtissier**
- **20 g de beurre**
- **32 cl de crème fleurette**
- **50 g de pistaches fraîches**
- **45 g de sucre**
- **Extrait d'amande amère**
- **1 cuil. à café d'huile d'arachide**
- **12,5 cl de lait**
- **1 œuf**
- **20 g de Maïzena**
- **Cœurs en chocolat**

Faites fondre le chocolat avec le beurre au four à micro-ondes. Fouettez 20 cl de crème en chantilly pas trop ferme et incorporez-la au chocolat encore tiède. Répartissez cette mousse dans les verrines.

Mixez finement les pistaches avec 20 g de sucre en poudre, ajoutez 2 gouttes d'extrait d'amande amère et l'huile. Continuez de mixer jusqu'à l'obtention d'une pâte.

Faites bouillir le lait avec la pâte de pistache. Battez l'œuf avec 25 g de sucre et la Maïzena. Ajoutez le lait bouillant. Remettez sur feu doux et faites épaissir. Versez la crème dans un bol, recouvrez au contact de film alimentaire et laissez refroidir.

Fouettez 12 cl de crème en chantilly et incorporez-la délicatement à la crème de pistache refroidie.

Versez cette mousse sur la mousse au chocolat.

Placez au frais 2 heures et décorez de petits cœurs en chocolat avant de servir.

Conseil : vous pouvez utiliser 2 cuil. à soupe de pâte de pistache déjà prête.

Duo de mousses marron-chocolat blanc

Préparation : 30 minutes • Repos : 5 heures • Cuisson : 10 minutes
Difficulté : ★ Budget : ★★

Pour 6 verrines

Pour la ganache au chocolat

- 60 g de chocolat pâtissier
- 5 cl de crème liquide entière

Pour la mousse au chocolat blanc

- 26 cl de crème liquide entière
- 140 g de chocolat blanc pâtissier
- 6 marrons glacés

Pour la mousse au marron

- 100 g de crème de marrons
- 18 cl de crème liquide entière

Préparez la ganache : faites bouillir la crème liquide et versez-la sur le chocolat noir. Mélangez jusqu'à ce que la préparation devienne homogène et onctueuse. Versez cette ganache dans les verrines, puis placez celles-ci au frais.

Préparez la mousse au chocolat blanc : montez la crème en chantilly pas trop ferme. Réservez au frais.

Faites fondre au bain-marie le chocolat blanc. Incorporez le premier tiers de chantilly de façon énergique au chocolat blanc fondu puis le reste délicatement. Versez cette mousse sur la ganache.

Placez les marrons glacés coupés en petits morceaux au centre de la mousse afin d'apporter une touche surprenante au moment de la dégustation. Laissez prendre 1 heure au frais.

Préparez la mousse au marron : versez la crème de marrons et la crème liquide dans un saladier bien froid, puis montez en chantilly.

Décorez les verrines à l'aide d'une poche à douille.

Placez au réfrigérateur 4 heures minimum.

Duo fraises-rhubarbe

Préparation : 45 minutes • Repos : 4 heures • Cuisson : 40 minutes
Difficulté : ★ Budget : ★★

Pour 6 personnes

- **400 g de fraises**
- **1 cuil. à café d'agar-agar**
- **380 g de sucre**
- **2 blancs d'œufs**
- **25 cl de crème liquide entière**
- **1 kg de rhubarbe**
- **6 amaretti**

Mixez 250 g de fraises en purée. Faites chauffer cette purée et portez-la à ébullition avec l'agar-agar.

Dans une petite casserole, portez 2,5 cl d'eau et 80 g de sucre à 120 °C et versez ce sirop sur les blancs d'œufs préalablement montés en neige. Continuez de battre jusqu'à ce que le mélange soit totalement refroidi.

Incorporez cette meringue italienne à la purée de fraises. Montez la crème liquide très froide en chantilly et ajoutez-la au mélange précédent.

Versez la mousse dans les verrines et réservez au frais 4 heures.

Pelez la rhubarbe et coupez-la en tronçons de 3 cm de long. Mettez le tout dans une casserole avec 300 g de sucre. Portez à ébullition et laissez cuire 40 minutes, en remuant régulièrement jusqu'à obtention d'une compote. Laissez refroidir.

Déposez la rhubarbe sur la mousse aux fraises.

Au moment de présenter, posez un biscuit sur chaque verrine et servez.

Figues à la crème d'amandes

Préparation : 20 minutes • Cuisson : 40 minutes • Difficulté : ★ Budget : ★★

Pour 6 personnes

- **600 g de figues**
- **4 cuil. à soupe de sucre**

Pour la crème d'amandes

- **2 œufs**
- **60 g de sucre**
- **12 cl de crème liquide entière**
- **80 g de poudre d'amandes**
- **Extrait d'amande amère**
- **2 cuil. à soupe d'amandes effilées**

Mettez de côté 6 belles figues.

Coupez le restant des figues en quatre. Déposez-les dans une casserole avec le sucre et 2 cuil. à soupe d'eau. Laissez-les cuire à feu doux 30 minutes environ en mélangeant de temps en temps.

Préparez la crème d'amandes : fouettez les œufs avec le sucre, ajoutez la crème, la poudre d'amandes et 2-3 gouttes d'extrait d'amande amère.

Préchauffez le four à 180 °C (th. 6). Placez 1 cuil. à soupe de confit de figues dans chaque verrine. Coupez les figues restantes en quatre et déposez-les sur le confit. Versez la crème d'amandes et mettez dans un bain-marie au four pendant 2 minutes à 180 °C (th. 6).

Faites griller à sec les amandes effilées et décorez les verrines.

Figues rôties sur pain d'épices

Préparation : 15 minutes • Cuisson : 10 minutes • Difficulté : ★ Budget : ★★

Pour 4 verrines

- **4 tranches de pain d'épices**
- **Beurre**
- **6 figues**
- **4 cuil. à café de miel**

Coupez le pain d'épices en cubes. Faites fondre le beurre dans une poêle et faites-y dorer le pain d'épices sur toutes les faces. Répartissez-le dans les verrines.

Dans la même poêle, faites rôtir les figues coupées en quatre. Elles doivent prendre une belle couleur, mais surtout ne pas trop cuire, afin de ne pas perdre leur tenue.

Placez-les sur le pain d'épices et arrosez-les de miel. Servez aussitôt.

Flan à la noix de coco et son nuage chocolaté

Préparation : 30 minutes • Repos : 1 nuit • Cuisson : 20 minutes
Difficulté : ★★ Budget : ★★

Pour 6 personnes

- **12 cl de lait concentré non sucré**
- **26 cl de lait**
- **2 œufs**
- **60 g de sucre**
- **60 g de noix de coco en poudre**
- **50 g de chocolat au lait**
- **20 cl de crème liquide entière**
- **Disques de chocolat**

Préchauffez le four à 180 °C (th. 6).

Mélangez le lait concentré, le lait et les jaunes d'œufs. Ajoutez le sucre et la noix de coco. Montez les blancs d'œufs en neige et incorporez-les au mélange précédent.

Versez la préparation dans 6 verrines pouvant aller au four. Placez-les dans un bain-marie puis au four à 180 °C (th. 6) pendant 20 minutes.

Laissez refroidir et placez au frais.

Faites fondre le chocolat au lait avec la moitié de la crème. Lorsque le mélange est homogène, ajoutez le restant de crème. Couvrez et laissez reposer une nuit au réfrigérateur.

Le lendemain, montez la crème chocolatée en chantilly et dressez-la sur les flans à l'aide d'une poche à douille.

Placez au frais et décorez d'un disque de chocolat.

Conseil : à la cuisson, le flan va se diviser en deux couches : le flan puis une couche de moelleux à la noix de coco, c'est délicieux.

Flan coco et grenade

Préparation : 30 minutes • Repos : 2 heures • Cuisson : 5 minutes
Difficulté : ★ Budget : ★★

Pour 6 verrines

- **2 cuil. à soupe de miel**
- **2 cuil. à soupe de noix de coco en poudre**
- **1 grenade**
- **3 feuilles de gélatine**
- **25 cl de lait de coco**
- **12 cl de lait**
- **12 cl de crème liquide entière**
- **30 g de sucre**
- **2 sachets de sucre vanillé**
- **6 physalis**

Trempez le haut des verrines dans le miel puis dans la noix de coco.

Égrainez la grenade, réservez quelques grains et répartissez le reste dans les verrines.

Faites ramollir les feuilles de gélatine dans de l'eau froide.

Dans une casserole, mélangez le lait de coco, le lait, la crème et les sucres. Portez à ébullition et ajoutez la gélatine bien essorée.

Versez le flan de coco sur les grains de grenade, laissez refroidir puis placez 2 heures au frais.

Décorez de quelques grains de grenade et d'un physalis.

Fruits rouges en gelée de champagne

Préparation : 15 minutes • Repos : 2 heures • Cuisson : 5 minutes
Difficulté : ★ Budget : ★★★

Pour 6 verrines

- **3 feuilles de gélatine**
- **30 g de sucre**
- **50 cl de champagne**
- **450 g de fruits rouges**

Faites ramollir les feuilles de gélatine dans de l'eau froide.

Mélangez le sucre avec 6 cl d'eau, portez à ébullition puis ajoutez les feuilles de gélatine bien essorées. Laissez tiédir et ajoutez ce mélange au champagne.

Nettoyez les fruits rouges. Coupez les fraises en deux. Répartissez-les dans les verrines et versez le champagne.

Placez au frais 2 heures minimum. Servez très frais.

Conseil : si vous utilisez des fruits surgelés, placez-les dans les verrines sans les décongeler et versez aussitôt le champagne.

Gaspacho de fraises à la rose

Préparation : 20 minutes • Repos : 1 heure • Difficulté : ★ Budget : ★★

Pour 6 verrines

- **800 g de fraises**
- **200 g de framboises**
- **Guimauves (de petite taille)**
- **60 g de sucre glace**
- **2 cuil. à soupe d'eau de rose**
- **6 macarons à la fraise**

Lavez les fruits et séchez-les. Équeutez les fraises.

Formez 6 petites brochettes en alternant quelques fruits et des guimauves, puis réservez.

Mixez les fraises et les framboises restantes.

Ajoutez le sucre glace et l'eau de rose, puis placez au frais 1 heure minimum.

Au moment de servir, versez le gaspacho dans les verrines. Décorez d'une brochette et accompagnez d'un macaron à la fraise.

Gratin de pommes

Préparation : 30 minutes • Cuisson : 25 minutes • Difficulté : ★ Budget : ★★

Pour 4 verrines

- **12 spéculoos**
- **2 pommes**
- **30 cl de crème liquide**
- **2 œufs**
- **1 sachet de sucre vanillé**
- **100 g de sucre**
- **30 g de beurre demi-sel**

Préchauffez le four à 180 °C (th. 6).

Réduisez les biscuits en poudre, répartissez-les dans des verrines allant au four et tassez bien.

Épluchez les pommes et coupez-les en petits morceaux puis disposez-les sur les biscuits.

Mélangez 15 cl de crème, les œufs et le sucre vanillé. Recouvrez les pommes avec ce mélange.

Enfournez les verrines pour 15 minutes. Attention toutefois à ce que la crème ne brunisse pas trop.

Chauffez 25 g de sucre dans une casserole en mélangeant constamment jusqu'à ce qu'il devienne un caramel blond puis ajoutez le reste du sucre au fur et à mesure.

Ajoutez le beurre et 15 cl de crème préalablement chauffée. Mélangez jusqu'à l'obtention d'un caramel onctueux et versez-le sur le gratin de pommes.

Laissez refroidir et décorez de pommes en lamelles.

Conseil : ce dessert est aussi bon tiède que froid.

Groseilles meringuées

Préparation : 30 minutes • Cuisson : 5 minutes • Difficulté : ★ Budget : ★★

Pour 6 verrines

- **12 biscuits roses de Reims**
- **30 cl de jus d'orange**
- **200 g de groseilles**
- **120 g de sucre**
- **2 blancs d'œufs**

Coupez les biscuits roses en morceaux et placez-les dans les verrines. Arrosez-les de jus d'orange.

Conservez 6 belles grappes de groseilles, puis égrainez le reste. Déposez-les dans les verrines.

Versez le sucre et 4 cl d'eau dans une casserole et mettez à chauffer en laissant la température s'élever jusqu'à 120 °C.

Pendant ce temps, battez les blancs en neige, puis versez en filet le sirop de sucre chaud, tout en continuant de battre au ralenti. Battez ensuite au maximum jusqu'à ce que la meringue soit totalement refroidie.

Déposez la meringue sur les groseilles à l'aide d'une poche à douille et dorez-la au chalumeau.

Décorez d'une grappe de groseilles et réservez au frais jusqu'au moment de servir.

Conseil : s'il vous reste de la meringue, déposez des petits tas sur une plaque de cuisson recouverte de papier sulfurisé et mettez au four 1 heure à 110 °C (th. 3-4) afin d'obtenir de belles meringues sèches.

Ile flottante au thé matcha et pralines roses

Préparation : 30 minutes • Cuisson : 10 minutes • Difficulté : ★★ Budget : ★★

Pour 6 verrines

Pour la crème anglaise

- **75 cl de lait entier**
- **8 jaunes d'œufs**
- **150 g de sucre**
- **1 cuil. à soupe de thé matcha**

Pour les îles flottantes

- **6 blancs d'œufs**
- **120 g de sucre**
- **120 g de pralines roses**

Préparez la crème anglaise : faites bouillir le lait. Battez les jaunes d'œufs avec le sucre jusqu'à ce que le mélange blanchisse. Ajoutez la poudre de thé au lait chaud et versez sur les jaunes d'œufs blanchis hors du feu.

Remettez la casserole sur feu doux et faites cuire sans jamais laisser bouillir, en remuant sans arrêt. La crème doit napper la cuillère en bois. Laissez refroidir.

Préparez les îles flottantes : battez les blancs d'œufs en neige. Quand ils commencent à mousser, ajoutez le sucre et continuez de battre jusqu'à ce qu'ils soient fermes et brillants. Ajoutez les pralines broyées grossièrement.

Formez des quenelles de blanc d'œuf et faites-les cuire 15 secondes au four à micro-ondes. Laissez-les refroidir au frais.

Versez la crème anglaise au thé dans les verrines, déposez un blanc d'œuf, saupoudrez d'un peu de poudre de thé et de quelques morceaux de praline. Servez.

Ile flottante coco

Préparation : 45 minutes • Cuisson : 15 minutes • Difficulté : ★ Budget : ★★

Pour 4 verrines

Pour le coulis

- 120 g de coulis de framboises
- ¼ cuil. à café d'agar-agar

Pour le lemon curd

- 1 œuf
- 2 cl de jus de citron
- Le zeste de ½ citron non traité
- 30 g de sucre
- 20 g de beurre

Pour la crème coco

- 15 g de Maïzena
- 5 cl de lait
- 20 cl de lait de coco
- 10 cl de crème liquide allégée

Pour les quenelles

- 2 blancs d'œufs
- 60 g de sucre
- 2 cuil. à café de noix de coco en poudre

Faites bouillir le coulis de framboises avec l'agar-agar. Versez dans les verrines et laissez refroidir.

Préparez le lemon curd : mettez dans une casserole tous les ingrédients et faites cuire au bain-marie. Faites épaissir en mélangeant sans interruption. Laissez refroidir et versez dans les verrines.

Préparez la crème coco : diluez la Maïzena dans un peu de lait, versez tous les ingrédients dans une casserole et faites épaissir. Versez dans les verrines.

Fouettez les blancs en neige en ajoutant le sucre quand ils commencent à mousser. Ils doivent être très fermes. À l'aide de deux cuillères, formez des quenelles et disposez-les sur une assiette. Placez-les au four à micro-ondes 15 secondes. Déposez les blancs d'œufs sur la crème coco. Réservez au frais.

Faites dorer la noix de coco râpée dans une poêle (attention, c'est très rapide) et saupoudrez-la sur les verrines au moment de servir.

Conseil : vous pouvez remplacer l'agar-agar par 1 feuille de gélatine que vous ferez ramollir dans un peu d'eau.

Lemon

Préparation : 45 minutes • Repos : 30 minutes • Cuisson : 10 minutes
Difficulté : ★★ Budget : ★★

Pour 6 personnes

- **10 cl de lait**
- **4 citrons non traités**
- **140 g de sucre**
- **30 g de Maïzena**
- **2 jaunes d'œufs**
- **100 g de beurre**
- **13 cl de crème fleurette**
- **5 feuilles de gélatine**

Faites chauffer le lait et le jus de 2 citrons. Fouettez les jaunes d'œufs et 60 g de sucre, puis ajoutez la Maïzena. Versez le lait chaud sur les œufs puis remettez le tout à épaissir à feu doux. Ajoutez le zeste de 2 citrons et la moitié du beurre. Couvrez avec du film alimentaire et laissez refroidir à température ambiante.

Fouettez la seconde moitié de beurre et ajoutez petit à petit la crème citronnée. Continuez à fouetter jusqu'à ce que la crème devienne mousseuse.

Fouettez la crème fleurette pour obtenir une chantilly bien ferme et incorporez-la à la préparation.

Avec une poche à douille cannelée, remplissez les verrines en laissant un petit espace entre la crème et la verrine. Placez au frais.

Portez le jus de 2 citrons à ébullition avec 40 cl d'eau et 80 g de sucre. Ajoutez la gélatine préalablement ramollie dans de l'eau froide et essorez. Laissez refroidir et versez dans les verrines avant que la préparation ne fige complètement. Placez au frais.

Sortez du réfrigérateur 30 minutes avant de servir et décorez d'une rondelle de citron.

Conseil : le gélifié est volontairement acidulé mais vous pouvez augmenter la quantité de sucre selon votre goût. Pour qu'un jus ou une purée de fruit acide gélifie sans problème, il faut les porter à ébullition quelques minutes.

Vous pouvez remplacer la Maïzena par de la poudre à flan.

Liégeois fruité

Préparation : 30 minutes • Repos : 1 heure • Cuisson : 30 minutes
Difficulté : ★ Budget : ★★

Pour 6 verrines

- **7 fruits de la passion**
- **30 cl de lait**
- **3 œufs**
- **80 g de sucre**
- **40 g de Maïzena**
- **6 cuil. à soupe de crème fraîche épaisse**
- **20 cl de crème liquide entière**
- **2 sachets de sucre vanillé**
- **6 physalis**
- **Feuille d'or**

Prélevez la pulpe de 5 fruits de la passion et filtrez-la pour retirer les pépins.

Portez le lait à ébullition.

Battez les œufs avec le sucre et la Maïzena, puis ajoutez le lait bouillant et la pulpe des fruits. Remettez sur feu doux et faites épaissir.

Laissez tiédir cette crème et ajoutez la crème épaisse. Répartissez ensuite dans les verrines et réservez au frais 1 heure.

Prélevez la pulpe des 2 fruits restants et répartissez-la sur les crèmes.

Fouettez la crème liquide en chantilly avec le sucre vanillé et placez-la sur les verrines à l'aide d'une poche à douille.

Réservez au frais et décorez de physalis et de feuille d'or au moment de servir.

Made in America

Préparation : 40 minutes • Cuisson : 15 minutes • Difficulté : ★ Budget : ★★

Pour 4 verrines

Pour le brownie

- **200 g de chocolat pâtissier**
- **180 g de beurre**
- **3 œufs**
- **150 g de sucre**
- **50 g de farine**
- **Sel**

Pour la crème au sirop d'érable

- **30 cl de lait**
- **50 g de sirop d'érable**
- **4 jaunes d'œufs**
- **30 g de sucre**
- **25 g de Maïzena**

Pour le dessus

- **25 cl de nappage caramel au lait**
- **Noix de pécan**

Faites fondre le chocolat cassé en morceaux avec le beurre au four à micro-ondes.

Battez les œufs avec le sucre jusqu'à ce que le mélange blanchisse et double de volume. Ajoutez la farine, une pincée de sel et le chocolat.

Versez la pâte dans un moule beurré et fariné. Enfournez pour 15 minutes à 180 °C (th. 6). Démoulez après refroidissement.

Préparez la crème : faites bouillir le lait et le sirop d'érable.

Fouettez les jaunes d'œufs et le sucre. Ajoutez la Maïzena et versez le lait chaud dessus. Faites épaissir à feu doux sans faire bouillir.

Coupez le brownie en petits morceaux, placez-les dans les verrines et versez la crème au sirop d'érable. Nappez d'un peu de caramel et décorez de noix de pécan.

Conseil : pour une coupe encore plus gourmande, déposez de la crème Chantilly à l'aide d'une poche à douille, avant le caramel et les noix de pécan.

Mango

Préparation : 25 minutes • Repos : 1 heure • Cuisson : 55 minutes
Difficulté : ★ Budget : ★★

Pour 6 verrines

- **50 cl de lait**
- **15 cl de crème liquide allégée**
- **1 gousse de vanille**
- **80 g de tapioca**
- **110 g de sucre**
- **2 mangues**
- **3 cuil. à soupe de crème fraîche épaisse**
- **3 fruits de la passion**

Faites bouillir le lait, la crème liquide et la gousse de vanille fendue en deux après en avoir prélevé les graines. Ajoutez le tapioca et 50 g de sucre. Laissez cuire à feu doux en remuant de temps en temps pendant 20 minutes environ.

Épluchez et coupez les mangues en fines tranches. À l'aide d'un emporte-pièce, découpez des ronds de mangue (2 ou 3 par verrine selon la taille).

Collez les ronds de mangue sur les parois des verrines, versez le tapioca et laissez refroidir.

Réduisez le reste des mangues en purée, ajoutez le sucre restant et laissez compoter à feu doux 30 minutes.

Hors du feu, ajoutez la crème fraîche, puis versez la compote sur le tapioca. Placez au frais 1 heure minimum.

Répartissez la pulpe des fruits de la passion sur les verrines et servez.

Milk-shake à l'ananas caramélisé

Préparation : 30 minutes • Cuisson : 3 heures • Difficulté : ★ Budget : ★

Pour 6 verrines

- **1 ananas**
- **2 cuil. à soupe de sucre glace**
- **50 g de sucre**
- **6 boules de glace à la vanille**
- **30 cl de lait**
- **½ cuil. à café de gingembre en poudre**
- **6 gousses de vanille**

Coupez 6 tranches très fines d'ananas. Utilisez un emporte-pièce pour retirer la peau et former un cercle parfait.

Placez-les sur une plaque de cuisson recouverte d'une feuille de papier sulfurisé, puis saupoudrez-les de sucre glace sur chaque face. Mettez-les au four 3 heures minimum à 90 °C (th. 3). À la sortie du four, laissez-les refroidir puis décollez-les soigneusement.

Égouttez le reste de l'ananas, préalablement coupé en dés.

Versez une petite quantité de sucre en poudre dans une casserole. Lorsqu'il commence à fondre, ajoutez le reste petit à petit puis laissez-le prendre une couleur caramel. Retirez la casserole du feu et ajoutez les morceaux d'ananas. Mélangez afin de bien caraméliser l'ensemble. Laissez refroidir et répartissez l'ananas dans les verrines.

Dans le bol du blender, versez la crème glacée à la vanille, le lait et le gingembre. Mixez le tout pour obtenir un mélange bien mousseux.

Versez le milk-shake dans les verrines, décorez d'une tranche d'ananas séchée et d'une gousse de vanille. Servez aussitôt.

Mini verrines chocolat-vanille

Préparation : 40 minutes • Repos : 2 heures • Cuisson : 2 minutes
Difficulté : ★ Budget : ★

Pour 10 verrines

- **10 sablés bretons au chocolat**
- **15 cl de crème liquide entière**
- **1 sachet de sucre vanillé**
- **10 cl de crème anglaise**
- **200 g de fromage blanc à 20 % de matière grasse**
- **½ cuil. à café d'extrait de vanille liquide**
- **1 feuille de gélatine**
- **4 cuil. à soupe de lait**
- **150 g de chocolat noir**

Réduisez les sablés en miettes et répartissez-les dans les verrines.

Fouettez la crème liquide entière en chantilly pas trop ferme avec le sucre vanillé et réservez au réfrigérateur.

Mélangez la crème anglaise avec le fromage blanc et la vanille.

Faites fondre la gélatine préalablement ramollie dans l'eau froide, au four à micro-ondes avec le lait. Ajoutez-la au mélange puis incorporez délicatement la crème Chantilly. Répartissez cette mousse dans les verrines et laissez reposer 2 heures au minimum.

Faites fondre le chocolat avec la crème au four à micro-ondes 3 fois 30 secondes et versez-le sur les mousses. Réservez au frais.

Mousse au citron vert

Préparation : 45 minutes • Repos : 2 heures • Cuisson : 11 minutes
Difficulté : ★ Budget : ★★

Pour 4 personnes

- **4 citrons verts**
- **2 œufs**
- **1 cuil. à café d'agar-agar**
- **10 cl de crème liquide entière**
- **50 g de sucre**
- **4 tranches d'ananas**

Mettez le jus de 2 citrons (environ 5 cl) dans un saladier en inox, avec les jaunes d'œufs, 40 g de sucre et les zestes de ces 2 citrons.

Chauffez au bain-marie et mélangez constamment jusqu'à ce que le mélange prenne une consistance crémeuse. Cela prend environ 10 minutes.

Ajoutez l'agar-agar, donnez un bouillon et laissez chauffer encore 1 minute puis retirez du feu et laissez tiédir.

Fouettez la crème liquide en chantilly, réservez au frais.

Battez les blancs d'œufs en neige avec une pincée de sucre. Lorsque les blancs commencent à mousser, ajoutez 10 g de sucre et continuez de battre jusqu'à ce qu'ils deviennent bien fermes. Incorporez la chantilly à la crème au citron puis les blancs d'œufs en neige.

Coupez les tranches d'ananas en dés et répartissez-les dans les verrines.

Avec une mandoline, coupez de fines tranches de citron et appliquez-les sur les parois des verrines. Remplissez-les de mousse au citron vert et laissez reposer 2 heures au réfrigérateur.

Au moment de servir, décorez de rondelles de citron et de feuilles d'ananas.

Mousse au Grand Marnier

Préparation : 30 minutes • Repos : 4 heures • Cuisson : 5 minutes
Difficulté : ★★ Budget : ★★

Pour 4 verrines

- **40 g de chocolat pâtissier**
- **8 cl de lait**
- **3 cl de jus d'orange**
- **2 œufs**
- **120 g de sucre**
- **15 g de Maïzena**
- **1 g d'agar-agar**
- **2 cuil. à soupe de Grand Marnier**
- **10 cl de crème liquide entière**

Faites fondre le chocolat au four à micro-ondes puis laissez reposer 5 minutes.

Créez un petit cône avec du papier sulfurisé que vous remplirez de chocolat fondu. Coupez la pointe du cône (attention, un tout petit orifice) et dessinez des arabesques sur le bord interne des verrines. Laissez sécher.

Faites chauffer le lait et le jus d'orange. Ajoutez l'agar-agar, donnez un bouillon.

Séparez les blancs des jaunes d'œufs. Battez les jaunes d'œufs avec 20 g de sucre pour qu'ils blanchissent, puis ajoutez la Maïzena. Versez le lait et le jus d'orange sur le mélange précédent. Ajoutez le Grand Marnier et faites épaissir à feu doux. Filmez au contact et réservez.

Dans une casserole, mélangez 100 g de sucre et 2,5 cl d'eau et portez la température à 110 °C.

Pendant ce temps, montez les blancs en neige ferme et versez doucement le sirop chaud sans arrêter de battre. Battez jusqu'à total refroidissement.

Incorporez les blancs dans la crème tiédie, le premier tiers assez vivement pour détendre la crème, puis le reste très délicatement.

Montez la crème en chantilly et incorporez-la également. Versez la mousse dans les verrines et réservez au frais 4 heures minimum.

Mousse au miel et éclats de nougat

Préparation : 30 minutes • Repos : 2 h 30 • Cuisson : 5 minutes
Difficulté : ★ Budget : ★★

Pour 4 verrines

- **100 g de miel**
- **20 cl de lait**
- **½ cuil. à café d'agar-agar**
- **2 œufs**
- **30 g de sucre**
- **20 cl de crème liquide**
- **200 g d'abricots au sirop**
- **2 cuil. à soupe d'amandes effilées**
- **4 nougats**

Faites chauffer le miel avec le lait puis ajoutez l'agar-agar. Portez à ébullition. Séparez les blancs des jaunes d'œufs. Battez les jaunes avec le sucre jusqu'à ce que le mélange blanchisse. Ajoutez le mélange lait-miel tiède et faites épaissir à feu doux sans faire bouillir. Laissez tiédir.

Battez la crème liquide en chantilly et incorporez-la délicatement à la préparation ainsi que les blancs d'œufs montés en neige ferme avec une pincée de sucre. Placez au frais 30 minutes.

Égouttez les abricots, coupez les demi-fruits en deux et placez-les dans les verrines. Recouvrez-les de mousse au miel à l'aide d'une poche à douille. Laissez reposer 2 heures au frais.

Grillez les amandes dans une poêle. Versez ½ cuil. à café de miel sur la mousse, décorez d'amandes grillées et de morceaux de nougat.

Conseil : vous pouvez remplacer l'agar-agar par 4 feuilles de gélatine que vous ferez ramollir dans l'eau froide.

Mousse aux Carambar et pop-corn

Préparation : 20 minutes • Repos : 4 heures • Cuisson : 5 minutes
Difficulté : ★ Budget : ★

Pour 6 personnes

- **150 g de Carambar**
- **50 g de chocolat au lait**
- **25 cl de lait**
- **3 œufs**
- **1 cuil. à café d'agar-agar**
- **20 cl de crème liquide entière**
- **1 cuil. à soupe d'huile d'arachide**
- **60 g de maïs à pop-corn**
- **3 cuil. à soupe de sucre**

Faites fondre les Carambar et le chocolat dans le lait à feu doux, en mélangeant de temps en temps et en veillant à ce que le lait ne déborde pas.

Séparez les blancs des jaunes d'œufs. Fouettez les jaunes d'œufs dans un saladier et ajoutez un peu de lait aux Carambar en fouettant sans cesse. Versez le tout dans la casserole de lait et faites épaissir à feu doux avec l'agar-agar, comme une crème anglaise.

Fouettez la crème liquide en chantilly et incorporez-la à la crème aux Carambar.

Montez les blancs d'œufs en neige puis incorporez-les à leur tour.

Répartissez la mousse dans les verrines et placez au frais 4 heures minimum.

Faites chauffer l'huile dans une sauteuse, ajoutez le maïs, couvrez puis attendez que le maïs éclate en secouant la sauteuse de temps en temps. Lorsque plus rien ne claque, saupoudrez de sucre, couvrez 1minute puis mélangez jusqu'à ce que le pop-corn ait une belle couleur dorée.

Au moment de servir, couvrez les mousses de pop-corn. Retour en enfance assuré.

Mousse choco-framboise

Préparation : 30 minutes • Repos : 2 heures • Cuisson : 10 minutes
Difficulté : ★ Budget : ★

Pour 6 verrines

Pour la mousse au chocolat

- 300 g de chocolat
- 30 g de beurre
- 6 œufs
- Sucre

Pour le gélifié de framboise

- 250 g de framboises
- 2 feuilles de gélatine

Pour la crème

- 30 cl de crème liquide
- 100 g de chocolat
- 30 g de beurre

Pour le décor

- Chocolat noir

Préparez la mousse : faites fondre le chocolat cassé en petits morceaux au bain-marie. Ajoutez le beurre.

Séparez les blancs des jaunes d'œufs. Incorporez un à un les jaunes dans le chocolat en mélangeant sans arrêt.

Montez les blancs d'œufs en neige avec une pincée de sucre et incorporez-les au chocolat, le premier tiers en mélangeant énergiquement puis le reste délicatement.

Répartissez la mousse dans les verrines et laissez prendre au frais pendant 1 heure.

Préparez le gélifié : réduisez les framboises en purée. Faites chauffer cette purée dans une casserole et ajoutez la gélatine préalablement ramollie dans de l'eau froide. Laissez refroidir et versez sur les mousses avant la gélification. Placez au frais 1 heure.

Faites bouillir la crème. Versez-la sur le chocolat râpé et mélangez jusqu'à obtention d'une consistance homogène. Ajoutez le beurre. Laissez refroidir et fouettez pour obtenir une crème mousseuse.

Remplissez une poche munie d'une douille cannelée. Si la crème est trop molle, mettez-la 15 minutes au réfrigérateur avant de la placer sur le gélifié.

Décorez d'un disque de chocolat réalisé sur une feuille de rhodoïd et réservez au frais jusqu'au moment de servir.

Mousse de fraises et de fruits rouges

Préparation : 25 minutes • Repos : 4 heures • Difficulté : ★ Budget : ★★

Pour 4 verrines

- **500 g de fraises**
- **110 g de sucre**
- **3 feuilles de gélatine**
- **2 œufs**
- **15 cl de crème liquide entière**
- **200 g de fruits rouges surgelés**
- **50 g de framboises**

Réduisez les fraises en purée. Faites chauffer 200 g de cette purée avec 2 cuil. à soupe d'eau, 30 g de sucre et 1 feuille de gélatine préalablement ramollie dans de l'eau froide (ou ¼ de cuil. à café d'agar-agar), puis portez à ébullition. Versez ce coulis dans les verrines et laissez gélifier.

Portez à ébullition le reste de la purée de fraises avec 2 feuilles de gélatine ramollie dans de l'eau froide (ou ½ cuil. à café d'agar-agar).

Séparez les blancs des jaunes d'œufs. Fouettez les jaunes avec 1 cuil. à soupe d'eau chaude et 50 g de sucre, jusqu'à ce que le mélange blanchisse. Ajoutez la purée chaude.

Montez les blancs en neige. Quand ils commencent à mousser, ajoutez 30 g de sucre et continuez de battre jusqu'à ce qu'ils soient brillants et bien fermes. Incorporez-les délicatement à la purée.

Montez la crème en chantilly et incorporez-la également. Versez cette mousse dans les verrines. Placez au frais 4 heures minimum.

Une heure avant de servir, répartissez les fruits rouges encore congelés et les framboises fraîches sur les verrines.

Conseil : en décongelant, les fruits vont rendre un jus qui formera la dernière fine couche rouge.

Mousse de fromage blanc aux fruits rouges

Préparation : 40 minutes • Cuisson : 15 minutes • Repos : 12 heures
Difficulté : ★ Budget : ★★

Pour 6 verrines

Pour la pâte

- 1 œuf
- 35 g de sucre
- 35 g de farine
- ½ cuil. à café de levure chimique
- 5 cl de coulis de fruits rouges
- 300 g de fruits rouges surgelés
- Framboises
- Menthe

Pour la mousse

- 16 cl de crème liquide entière
- 250 g de fromage blanc à 20 % de matière grasse
- 80 g de sucre

Fouettez l'œuf, le sucre et 2 cuil. à café d'eau chaude, jusqu'à ce que le mélange blanchisse et triple de volume. Ajoutez la farine tamisée et la levure.

Versez la pâte dans un petit moule (18 x 18 cm) beurré et fariné. Mettez au four 15 minutes à 180 °C (th. 6). Laissez refroidir la génoise et coupez-la en cubes.

Montez la crème en chantilly. Battez le fromage blanc avec le sucre et ajoutez la chantilly.

Placez des cubes de génoise dans les verrines, versez un peu de coulis et déposez les fruits rouges encore congelés. Répartissez la mousse de fromage blanc et laissez reposer 12 heures au réfrigérateur.

Déposez 3 framboises et une petite feuille de menthe sur les verrines avant de servir.

Mousse de litchi et de pamplemousse

Préparation : 45 minutes • Repos : 3 heures • Cuisson : 15 minutes
Difficulté : ★ Budget : ★★

Pour 6 verrines

Pour la mousse de litchi

- **2 feuilles de gélatine**
- **400 g de litchis en boîte**
- **2 blancs d'œufs**
- **70 g de sucre**
- **1 cuil. à soupe de coulis de framboises**
- **15 cl de crème liquide entière**

Pour le gélifié de pamplemousse

- **30 cl de jus de pamplemousse**
- **2 feuilles de gélatine**
- **2 pamplemousses**
- **Décor en chocolat blanc**
- **Perles de sucre**

Préparez la mousse : faites ramollir les feuilles de gélatine dans de l'eau froide.

Égouttez les litchis et réservez-en 6, ainsi que le jus. Mixez finement les litchis.

Portez à ébullition 10 cl de jus de litchi pendant 10 minutes, puis ajoutez les feuilles de gélatine essorées.

Ajoutez ce jus à la purée de litchis.

Montez les blancs d'œufs en neige. Ajoutez 40 g de sucre quand ils commencent à mousser, puis continuez de battre jusqu'à ce qu'ils soient très fermes. Ajoutez-les délicatement à la purée de fruits ainsi que le coulis de framboises pour apporter une note de couleur.

Montez la crème en chantilly avec le sucre restant et incorporez-la au mélange précédent.

Répartissez cette mousse dans les verrines et placez au frais 2 heures.

Préparez le gélifié : faites chauffer le jus de pamplemousse et ajoutez la gélatine préalablement ramollie dans de l'eau froide et essorée. Laissez tiédir et versez sur les mousses. Laissez reposer 1 heure au frais.

Épluchez les pamplemousses à vif. Déposez-les sur les verrines ainsi qu'un litchi et finissez de décorer avec des volutes de chocolat blanc et quelques perles de sucre.

Nage de fruits au thé earl grey

Préparation : 20 minutes • Repos : 2 heures • Cuisson : 5 minutes
Difficulté : ★ Budget : ★

Pour 4 verrines

- **1 sachet de thé à la bergamote**
- **2 cuil. à soupe de sucre**
- **1 pamplemousse**
- **½ melon**
- **125 g de fraises**
- **125 g de framboises**
- **125 g de groseilles**
- **4 gousses de vanille**

Faites bouillir 50 cl d'eau et faites infuser le thé, il doit être léger. Laissez refroidir et sucrez.

Épluchez à vif le pamplemousse et prélevez les quartiers.

Coupez le melon en cubes. Lavez et équeutez les fraises.

Placez tous les fruits en alternance dans les verrines, versez le thé froid. Décorez d'une gousse de vanille.

Placez au frais 2 heures minimum avant de déguster.

Conseil : frais et léger, c'est un dessert parfait pour les chaudes soirées d'été.

Nuage de meringue sur compotée de pêches

Préparation : 30 minutes • Cuisson : 30 minutes • Difficulté : ★ Budget : ★

Pour 4 verrines

Pour la compotée de pêches
- **5 pêches**
- **3 cuil. à soupe de sucre gélifiant à confiture**
- **8 biscuits sablés**

Pour la meringue
- **120 g de sucre**
- **2 blancs d'œufs**

Coupez les pêches en quartiers et faites-les cuire doucement avec le sucre. Laissez compoter en mélangeant de temps en temps. Versez dans les verrines et laissez refroidir.

Émiettez les sablés sur les pêches.

Portez à ébullition le sucre et 4 cl d'eau jusqu'à 120 °C.

Battez les blancs d'œufs en neige et versez le sirop chaud en continuant de battre à la vitesse minimale. Battez jusqu'à refroidissement complet.

À l'aide d'une poche à douille, déposez la meringue dans les verrines. Caramélisez à l'aide d'un chalumeau à crème brûlée. Placez au frais.

Panna cotta au chocolat blanc et à la framboise

Préparation : 25 minutes • Repos : 4 heures • Cuisson : 10 minutes
Difficulté : ★ Budget : ★★

Pour 4 verrines

- **30 cl de coulis de framboises**
- **1 cuil. à café d'agar-agar**
- **20 cl de crème liquide**
- **15 cl de lait**
- **75 g de chocolat blanc pâtissier**

Mettez le coulis de framboises dans une casserole avec 6 cuil. à soupe d'eau et portez à ébullition. Ajoutez ½ cuil. à café d'agar-agar et maintenez l'ébullition pendant 2 minutes.

Versez le coulis dans 4 verrines maintenues penchées, puis mettez-les au frais afin que la gelée prenne.

Dans une casserole, versez la crème, le lait, le chocolat blanc et portez à ébullition.

Ajoutez ½ cuil. à café d'agar-agar et versez dans les verrines remises à plat.

Placez au frais 4 heures minimum avant de servir.

Conseil : vous pouvez remplacer l'agar-agar par 2 feuilles de gélatine que vous aurez préalablement fait ramollir dans de l'eau froide.

Panna cotta aux framboises

Préparation : 30 minutes • Cuisson : 5 minutes • Difficulté : ★ Budget : ★★

Pour 10 mini verrines

- **200 g de coulis de framboises**
- **3 feuilles de gélatine**
- **16 cl de lait**
- **30 cl de crème fleurette**
- **55 g de sucre**
- **1 gousse de vanille**
- **150 g de framboises**
- **1 sachet de nappage pour tarte**

Chauffez le coulis et ajoutez 1 feuille de gélatine préalablement ramollie dans l'eau froide et essorée. Versez doucement ce coulis au fond des verrines en évitant les parois. Laissez figer.

Dans une casserole, mélangez le lait, la crème, le sucre, la vanille et portez à ébullition. Ajoutez 2 feuilles de gélatine préalablement ramollie dans l'eau froide et essorée.

Versez dans les verrines et laissez refroidir à température ambiante puis mettez au frais.

Pour le décor, déposez les framboises sur la panna cotta figée. Préparez le nappage comme indiqué sur le paquet. Nappez les framboises pour qu'elles soient totalement recouvertes.

Replacez au frais jusqu'au moment de servir.

Panna cotta matcha-groseille

Préparation : 20 minutes • Repos : 1 heure • Cuisson : 5 minutes
Difficulté : ★ Budget : ★

Pour 4 verrines

- **15 cl de lait**
- **30 cl de crème liquide entière**
- **60 g de sucre**
- **2 cuil. à café de thé matcha**
- **1 cuil. à café d'agar-agar**
- **100 g de groseilles**
- **1 sachet de nappage pour tarte**
- **10 cl de jus de fruits rouges**

Dans une casserole, mélangez le lait, la crème et le sucre. Portez à ébullition et ajoutez le thé et l'agar-agar. Laissez bouillir 1 minute. Versez dans les verrines et laissez figer à température ambiante. Placez au frais 1 heure.

Lavez et égrappez les groseilles. Déposez-les sur la panna cotta dans chaque verrine et recouvrez de nappage préparé avec du jus de fruits rouges (selon les indications sur le paquet).

Conseil : vous pouvez remplacer l'agar-agar par 2 feuilles de gélatine que vous ferez préalablement ramollir dans de l'eau froide.

Panna cotta sur gelée d'agrumes

Préparation : 30 minutes • Cuisson : 5 minutes • Difficulté : ★ Budget : ★★

Pour 4 verrines

- **1 pamplemousse**
- **2 oranges**
- **3 feuilles de gélatine**
- **16 cl de lait**
- **30 cl de crème fleurette**
- **55 g de sucre**
- **Cardamome en poudre**

Épluchez le pamplemousse et 1 orange à vif (retirez toutes les peaux), coupez-les en morceaux. Placez les fruits au fond des verrines.

Pressez le jus de l'autre orange, ajoutez 4 cl d'eau et faites bouillir. Ajoutez-y 1 feuille de gélatine ramollie dans de l'eau froide. Versez dans les verrines afin de recouvrir les agrumes. Laissez prendre au réfrigérateur.

Dans une casserole, mélangez le lait, la crème, le sucre et la cardamome. Faites bouillir et ajoutez les 2 feuilles de gélatine restantes.

Versez la panna cotta sur la gelée et laissez reposer au frais 12 heures. Décorez de zestes d'orange et de tuiles à l'orange.

Conseil : pour faire des tuiles à l'orange : mélangez 100 g de sucre, 40 g de farine, le jus de 1 orange, son zeste et 40 g de beurre fondu. Laissez reposer au réfrigérateur. Faites de petits tas sur une plaque de cuisson et mettez dans un four à 200 °C (th. 6-7) jusqu'à ce que les tuiles soient dorées. Donnez-leur une forme arrondie en les déposant sur un grand rouleau à pâtisserie dès la sortie du four ou découpez des formes avant qu'elles ne durcissent complètement.

Vous pouvez remplacer la gélatine par 2 g d'agar-agar.

Pêches rôties aux épices sur chantilly

Préparation : 10 minutes • Repos : 30 minutes • Cuisson : 5 minutes
Difficulté : ★ Budget : ★

Pour 6 personnes

- **6 pêches**
- **Beurre**
- **2 sachets de sucre vanillé**
- **3 doses de filaments de safran**
- **30 cl de crème liquide entière**
- **50 g de sucre glace**

Coupez les pêches en gros quartiers puis faites-les revenir dans un peu de beurre.

Saupoudrez de sucre vanillé et de safran. Laissez refroidir.

Montez la crème très froide en chantilly avec le sucre glace.

Versez la chantilly dans les verrines et placez dessus les quartiers de pêche rôtie. Réservez au frais au moins 30 minutes avant de servir.

Conseil : vous pouvez remplacer la chantilly par de la glace à la vanille.

Poire pochée au vin rouge et ses épices

Préparation : 20 minutes • Repos : 2 heures • Cuisson : 30 minutes
Difficulté : ★ Budget : ★★

Pour 6 verrines

- **1 l de vin rouge**
- **80 g de sucre roux**
- **1 orange non traitée**
- **2 clous de girofle**
- **½ cuil. à café de noix de muscade en poudre**
- **6 poires comices**
- **15 cl de crème liquide entière**
- **1 cuil. à soupe de miel**
- **6 tranches de pain d'épices**
- **Cannelle en poudre**
- **2 bâtons de cannelle**
- **6 étoiles de badiane**

Portez le vin à ébullition avec le sucre, le zeste d'orange et les épices.

Pelez les poires en conservant leur queue et plongez-les dans le vin bouillant. Couvrez et laissez cuire 15 minutes. Retournez les poires si elles ne sont pas totalement immergées et laissez de nouveau cuire 15 minutes. Les poires doivent être tendres mais surtout pas trop cuites pour garder leur tenue.

À la fin de la cuisson, placez-les dans un saladier avec le vin. Laissez refroidir puis mettez au frais pendant 2 heures.

Montez la crème en chantilly avec le miel et réservez au frais.

Coupez le pain d'épices à l'emporte-pièce et placez-le au fond des verrines. Déposez une poire et arrosez-la de vin filtré.

Placez la chantilly à la poche à douille, saupoudrez d'une pincée de cannelle et décorez d'un bâton de cannelle et d'une étoile de badiane. Servez aussitôt.

Raisins à l'orange et aux épices

Préparation : 15 minutes • Cuisson : 30 minutes • Difficulté : ★ Budget : ★

Pour 4 personnes

- **Le jus de 2 oranges**
- **40 g de sucre**
- **Quatre-épices**
- **Le zeste de 1 orange non traitée**
- **400 g de raisin blanc**
- **4 étoiles de badiane**
- **4 bâtons de cannelle**

Versez le jus des oranges dans une casserole, ajoutez le sucre, une pincée de quatre-épices et le zeste d'orange. Portez à ébullition puis baissez le feu et laissez cuire 30 minutes pour que le jus devienne un sirop épais.

Avant d'éteindre le feu, plongez le raisin 1 minute dans la casserole, puis retirez-le et laissez-le refroidir.

Placez les grains de raisin dans les verrines, nappez de sirop et décorez d'une étoile de badiane et d'un bâton de cannelle.

Conseil : ne laissez pas le raisin plus de 1 minute dans le sirop chaud au risque de lui faire perdre sa forme.

Risotto exotique

Préparation : 30 minutes • Cuisson : 25 minutes • Difficulté : ★ Budget : ★★

Pour 6 verrines

- **60 cl de lait**
- **60 g de sucre**
- **1 gousse de vanille**
- **20 g de beurre**
- **200 g de riz rond**
- **1 mangue (de petite taille)**
- **6 tranches d'ananas**
- **4 fruits de la passion**

Faites chauffer le lait avec le sucre et la gousse de vanille fendue en deux, dont vous aurez gratté les graines.

Faites fondre le beurre dans une casserole, ajoutez le riz et laissez-le devenir translucide en mélangeant régulièrement.

Versez une louche de lait chaud sur le riz, mélangez jusqu'à ce que le lait soit totalement absorbé. Puis ajoutez du lait au fur et à mesure dès que le riz l'a absorbé en remuant régulièrement. Lorsque le riz est al dente, arrêtez le feu et laissez-le refroidir.

Épluchez la mangue, prélevez la chair et réduisez-la en purée. Ajoutez l'ananas coupé en dés, la pulpe de 3 fruits de la passion et mélangez le tout.

Répartissez les fruits dans les verrines, couvrez de risotto et nappez de la pulpe du fruit de la passion restant. Réservez au frais jusqu'au moment de servir.

Riz au thé matcha et fraises séchées

Préparation : 20 minutes • Cuisson : 30 minutes • Difficulté : ★ Budget : ★★

Pour 4 verrines

- **100 g de riz rond**
- **50 cl de lait**
- **40 g de sucre**
- **2 cuil. à café de thé matcha**
- **80 g de fraises séchées**
- **10 cl de coulis de fraises**

Lavez le riz à l'eau froide, égouttez-le bien et faites-le blanchir 3 minutes dans l'eau bouillante.

Égouttez-le à nouveau et faites-le cuire à feu doux et à couvert dans le lait bouillant avec le sucre pendant 20 à 30 minutes. Le riz doit être tendre et le lait doit avoir été totalement absorbé.

Ajoutez le thé matcha et les trois quarts des fraises coupées en petits morceaux et mélangez.

Versez le coulis dans les verrines puis déposez le riz délicatement.

Décorez de quelques morceaux de fraise.

Conseil : ajustez la quantité de thé matcha en fonction de votre goût : plus ou moins fort.

Sabayon au café

Préparation : 40 minutes • Repos : 2 heures • Cuisson : 10 minutes
Difficulté : ★★ Budget : ★★

Pour 6 personnes

- **130 g de sucre**
- **30 g de Maïzena**
- **2 cuil. à soupe de café soluble**
- **40 cl de lait**
- **2 jaunes d'œufs**
- **8 cl de café liquide froid (très fort)**

Mélangez 80 g de sucre, la Maïzena, le café soluble et ajoutez petit à petit le lait tout en mélangeant pour éviter les grumeaux.

Versez le tout dans une casserole, portez à ébullition en mélangeant constamment. Lorsque le mélange épaissit, versez-le dans les verrines en évitant les bords. Laissez refroidir puis placez au frais pendant 2 heures.

Faites chauffer une casserole remplie au tiers d'eau.

Fouettez dans un cul-de-poule les jaunes d'œufs avec 50 g de sucre jusqu'à ce que le mélange blanchisse et double de volume. Ajoutez le café en filet en continuant à fouetter. Placez le cul-de-poule sur la casserole d'eau chaude, baissez le feu et continuez de fouetter jusqu'à ce que le mélange devienne mousseux avec une consistance qui se tient bien. Cela prend de 5 à 6 minutes.

Hors du feu, continuez de battre jusqu'au refroidissement du sabayon.

Avec une cuillère à soupe, déposez le sabayon sur les crèmes au café et servez aussitôt.

Conseil : vous pouvez également placer le sabayon chaud sur la crème froide afin de jouer sur le contraste des températures.

Sabayon de mangue

Préparation : 15 minutes • Cuisson : 4 à 5 minutes • Difficulté : ★ Budget : ★

Pour 4 verrines

- **1 mangue**
- **3 jaunes d'œufs**
- **35 g de sucre**
- **Extrait de vanille liquide**
- **1 blanc d'œuf**
- **20 g de sucre glace**

Épluchez la mangue et coupez-la en morceaux. Répartissez les cubes de mangue dans les verrines.

Dans un cul-de-poule, battez les jaunes d'œufs et le sucre. Ajoutez la vanille et fouettez ce mélange au bain-marie jusqu'à ce que les jaunes blanchissent et doublent de volume. Ce mélange va prendre une consistance très onctueuse. Continuez de battre hors du feu jusqu'à ce que le mélange tiédisse.

Battez le blanc d'œuf en neige ferme avec le sucre glace et incorporez-le aux jaunes d'œufs. Versez cette préparation mousseuse dans des verrines allant au four sur les mangues.

Placez-les dans un four à 200 °C (th. 6-7) pendant 4 à 5 minutes, la mousse doit légèrement dorer. Servez aussitôt.

Salade de fruits et son espuma exotique

Préparation : 30 minutes • Repos : 1 nuit + 1 heure • Difficulté : ★ Budget : ★★

Pour 6 verrines

- **25 cl de jus d'ananas**
- **2 feuilles de gélatine**
- **10 cl de lait de coco**
- **15 cl de crème liquide entière**
- **2 kiwis**
- **2 tranches d'ananas**
- **2 fruits de la passion**
- **Le jus de 1 citron vert**
- **3 cuil. à soupe de graines de grenade**
- **1 mangue bien mûre**

Faites chauffer le jus d'ananas et ajoutez la gélatine préalablement ramollie dans de l'eau froide. Mélangez avec le lait de coco et la crème. Versez le tout dans la cuve d'un siphon, fermez-le et injectez 2 cartouches de gaz en secouant énergiquement. Laissez reposer une nuit au frais.

Coupez les kiwis et les tranches d'ananas en petits dés. Mélangez-les avec la pulpe des fruits de la passion, le jus de citron et les graines de grenade. Placez au frais pendant 1 heure.

Réduisez la mangue en purée.

Placez la purée de mangue dans les verrines et répartissez la salade de fruits.

Secouez énergiquement le siphon et déposez l'espuma sur les fruits.

Décorez de feuilles d'ananas et servez.

Sauce au chocolat pimentée et brochettes

Préparation : 20 minutes • Cuisson : 5 minutes • Difficulté : ★ Budget : ★

Pour 4 verrines

- **200 g de chocolat pâtissier**
- **10 cl de lait**
- **20 cl de crème liquide**
- **½ cuil. à café de piment d'Espelette en poudre**
- **1 kiwi**
- **4 framboises**
- **4 fraises**
- **4 biscuits type Mikado**

Faites fondre le chocolat au bain-marie. Ajoutez le lait, la crème et le piment. Versez dans les verrines.

Épluchez et coupez les kiwis en 8 morceaux.

Coupez les biscuits Mikado à la taille de vos verrines et montez vos brochettes de fruits dessus.

Conseil : cette sauce est aussi bonne chaude que froide, mais froide elle sera un peu plus épaisse.

Smoothie abricot et lait d'amande

Préparation : 5 minutes • Difficulté : ★ Budget : ★★

Pour 2 personnes

- **200 g d'abricots**
- **20 cl de lait d'amande**
- **2 cuil. à café de miel**

Placez les abricots dénoyautés dans un blender, puis ajoutez le lait d'amande frais et le miel.

Mixez le tout jusqu'à l'obtention d'un mélange homogène.

Ajustez à votre goût en ajoutant, si besoin, du miel car les abricots peuvent être très acides selon leur maturation. Servez aussitôt.

Conseil : pour une boisson rafraîchissante, vous pouvez ajouter 2 glaçons dans le blender.

Smoothie exotique

Préparation : 15 minutes • Difficulté : ★ Budget : ★★

Pour 4 personnes

- **1 cuil. à soupe de miel**
- **2 cuil. à soupe de noix de coco en poudre**
- **300 g de mangues surgelées**
- **2 bananes**
- **Le jus de 1 citron vert**
- **20 cl de lait de coco**

Versez le miel et la noix de coco râpée dans deux assiettes creuses. Trempez le haut des verres dans le miel puis dans la noix de coco et réservez.

Placez dans un blender ou le bol d'un mixeur la mangue encore surgelée, les bananes coupées en tronçons, le jus de citron vert et le lait de coco. Mixez jusqu'à obtention d'une purée homogène.

Versez dans les verres en évitant la couronne de coco et servez aussitôt.

Smoothie pomme, banane et quatre-épices

Préparation : 10 minutes • Difficulté : ★ Budget : ★

Pour 2 personnes

- **2 pommes**
- **1 banane**
- **10 cl de jus de pomme**
- **1 yaourt nature**
- **½ cuil. à café de quatre-épices**
- **2 glaçons**

Placez dans le blender les pommes coupées en morceaux, la banane, le jus de pomme, le yaourt, le quatre-épices et les glaçons.

Mixez le tout jusqu'à l'obtention d'un mélange homogène et servez aussitôt.

Soufflé glacé à l'ananas

Préparation : 30 minutes • Congélation : 4 heures • Difficulté : ★★ Budget : ★

Pour 4 verrines

- **250 g d'ananas en boîte**
- **Le zeste de 1 citron vert non traité**
- **25 cl de crème liquide entière**
- **80 g de sucre de canne**
- **2 blancs d'œufs**
- **1 cuil. à café d'agar-agar**
- **1 cuil. à soupe de rhum**

Commencez par préparer les verrines. Découpez des bandes de rhodoïd (feuilles plastiques en papeterie) de 5 cm de large et fixez-les fermement en haut des verrines pour les prolonger.

Égouttez l'ananas, conservez le jus. Réduisez l'ananas en purée à l'aide d'un mixeur et ajoutez le zeste de citron vert.

Fouettez la crème en chantilly avec 40 g de sucre puis réservez au frais.

Montez les blancs d'œufs en neige, en ajoutant 40 g de sucre quand ils commencent à mousser, et réservez.

Portez à ébullition 5 cl de jus d'ananas et ajoutez l'agar-agar.

Versez le jus dans la purée d'ananas ainsi que le rhum. Incorporez la chantilly délicatement puis les blancs d'œufs.

Versez dans les verrines, placez au réfrigérateur 2 heures puis 4 heures minimum au congélateur.

Au moment de servir, enlevez la bande de rhodoïd et décorez avec un zeste de citron vert.

Conseil : vous pouvez remplacer le rhodoïd par du papier sulfurisé en double épaisseur.

Soupe chocolatée aux fèves tonkas

Préparation : 20 minutes • Cuisson : 10 minutes • Difficulté : ★ Budget : ★★

Pour 4 personnes

- **30 cl de lait**
- **20 cl de crème liquide**
- **300 g de chocolat blanc pâtissier**
- **2 fèves tonkas**
- **20 g de beurre**
- **8 tranches de pain d'épices**

Faites bouillir le lait et la crème.

Versez les liquides chauds sur le chocolat coupé en morceaux. Mélangez jusqu'à ce qu'il soit totalement fondu. Ajoutez les fèves tonkas râpées.

Faites fondre le beurre dans une poêle et faites dorer les tranches de pain d'épices sur chaque face.

Coupez 4 tranches en dés et placez-les dans les verrines. Versez la soupe chocolatée par-dessus.

Coupez les 4 autres tranches en mouillettes et servez-les avec la soupe tiède.

Soupe d'été

Préparation : 20 minutes • Difficulté : ★ Budget : ★★

Pour 6 personnes

- **2 melons (de belle taille)**
- **2 citrons verts non traités**
- **2 cuil. à soupe de sucre**
- **1 kg de pastèque**
- **125 g de fraises**

Coupez les melons en deux et retirez les pépins. Videz un demi-melon à l'aide d'une cuillère parisienne. Prélevez le reste de la chair des melons et mixez-la.

Prélevez quelques zestes, pressez les citrons et ajoutez leur jus à la soupe de melon. Ajoutez ensuite le sucre et réservez au frais.

Prélevez des billes de pastèque et coupez les fraises en deux.

Versez la soupe de melon dans les verrines, ajoutez les billes de fruits, les fraises et déposez quelques zestes de citron. Servez bien frais.

Tiramisu au Grand Marnier

Préparation : 30 minutes • Repos : 3 heures • Difficulté : ★ Budget : ★★

Pour 6 verrines

- **3 œufs**
- **80 g de sucre**
- **250 g de mascarpone**
- **24 biscuits à la cuiller**
- **25 cl de jus d'orange**
- **3 cuil. à soupe de Grand Marnier**

Pour le décor

- **Vermicelles de chocolat (de couleur or)**

Séparez les jaunes d'œufs des blancs.

Battez les jaunes avec le sucre jusqu'à ce que le mélange blanchisse, puis ajoutez le mascarpone et fouettez encore 2 minutes.

Battez les blancs d'œufs en neige ferme et ajoutez-les délicatement au mélange précédent.

Trempez les biscuits à la cuiller dans le jus d'orange mélangé à 3 cuil. à soupe de Grand Marnier.

Placez 2 biscuits dans chaque verrine.

Répartissez la moitié de la crème puis placez au centre 1 biscuit imbibé de jus d'orange. Finissez par une couche de crème.

Laissez reposer 3 heures au réfrigérateur.

Au moment de servir, décorez de vermicelles or et de petites étoiles.

Tiramisu tout rose

Préparation : 20 minutes • Repos : 3 heures • Difficulté : ★ Budget : ★★

Pour 6 verrines

- **3 œufs**
- **40 g de sucre**
- **250 g de mascarpone**
- **2 cuil. à soupe de sirop de grenadine**
- **8 biscuits roulés à la fraise**
- **6 biscuits roses de Reims**
- **120 g de coulis de fraises**

Séparez les jaunes d'œufs des blancs. Battez les jaunes d'œufs avec le sucre jusqu'à ce que le mélange blanchisse puis ajoutez le mascarpone, le sirop de grenadine et fouettez encore 2 minutes.

Battez les blancs d'œufs en neige ferme et ajoutez-les délicatement au mélange précédent.

Coupez les biscuits roulés en rondelles et placez-les contre la paroi des verrines et dans le fond. Répartissez la moitié de la crème puis une fine couche de biscuits roses réduits en poudre et ensuite le restant de mousse. Finissez par une couche de coulis de fraises.

Laissez reposer 3 heures au réfrigérateur.

Vacherin de myrtilles

Préparation : 10 minutes • Difficulté : ★ Budget : ★★

Pour 4 verrines

- **8 meringues (de petite taille)**
- **Crème glacée à la vanille au coulis de fruits rouges**
- **200 g de myrtilles**

Coupez 4 petites meringues en deux.

Placez en alternance la glace, les demi-meringues et les myrtilles dans les verrines.

Terminez par une meringue entière. Servez aussitôt.

Conseil : vous pouvez remplacer la crème glacée par un sorbet ou une glace nature et ajouter un coulis. Vous pouvez également ajouter des amandes concassées et grillées pour plus de croquant.

Verrines choco-menthe

Préparation : 30 minutes • Repos : 12 heures • Cuisson : 10 minutes
Difficulté : ★ Budget : ★

Pour 4 verrines

Pour la crème au chocolat

- 25 cl de lait
- 3 jaunes d'œufs
- 20 g de sucre
- 140 g de chocolat pâtissier
- 1,5 cuil. à soupe de crème fraîche épaisse

Pour la crème à la menthe

- 20 feuilles de menthe
- 50 cl de lait
- 2 cuil. à soupe de sirop de menthe
- 40 g de sucre
- 25 g de Maïzena

Préparez la crème à la menthe la veille : faites infuser 15 feuilles de menthe dans le lait pendant une nuit.

Préparez la crème au chocolat : faites bouillir le lait. Pendant ce temps, fouettez les jaunes d'œufs et le sucre jusqu'à ce que le mélange blanchisse. Versez dessus le lait chaud et faites épaissir à feu doux sans faire bouillir.

Hors du feu, ajoutez le chocolat râpé et mélangez jusqu'à obtention d'une crème lisse et onctueuse.

Quand la crème a tiédi, ajoutez la crème épaisse. Versez la crème au chocolat dans les verrines jusqu'à mi-hauteur et placez-les au frais.

Reprenez la préparation de la crème à la menthe : filtrez le lait à la menthe, ajoutez le sirop de menthe (qui va donner une couleur vert pâle), le sucre et la Maïzena diluée dans un peu de lait. Faites épaissir le tout à feu doux.

Versez la crème à la menthe sur la crème au chocolat et placez au frais.

Décorez les verrines de feuilles de menthe en les humidifiant légèrement.

Verrines crousti-fondantes

Préparation : 20 minutes • Cuisson : 10 minutes • Repos : 2 heures
Difficulté : ★ Budget : ★★

Pour 6 verrines

- **25 cl de lait**
- **2 jaunes d'œufs**
- **60 g de sucre**
- **20 g de Maïzena**
- **1 fève tonka**
- **200 g de muesli chocolaté**
- **460 g de poires au sirop**
- **30 g d'amandes concassées grillées**
- **6 amandes enrobées**

Portez le lait à ébullition.

Dans un saladier, fouettez les jaunes d'œufs et le sucre pour que le mélange blanchisse et double de volume puis ajoutez la Maïzena et la fève tonka râpée.

Versez le lait bouillant sur les jaunes d'œufs, puis remettez le tout dans la casserole et faites épaissir à feu doux.

Mettez la crème dans un saladier, placez un film alimentaire et laissez refroidir 2 heures au réfrigérateur.

Remplissez un peu moins de la moitié des verrines avec la crème. Ajoutez la moitié du muesli, les poires coupées en dés et versez le restant de muesli. Terminez par les amandes grillées et les amandes enrobées.

Conseil : ne préparez pas ces verrines trop à l'avance pour conserver le croustillant du muesli. Vous pouvez remplacer la fève tonka par de la vanille.

Verrines express pour petits gourmands

Préparation : 15 minutes • Difficulté : ★ Budget : ★

Pour 4 verrines

- **150 g de cacahuètes grillées non salées**
- **8 tranches de brioche**
- **250 g de crème dessert au chocolat**
- **250 g de crème dessert au caramel**
- **250 g de crème dessert à la vanille**
- **Billes chocolatées**

Concassez grossièrement les cacahuètes.

Faites griller les tranches de brioche au grille-pain. À l'aide d'un emporte-pièce ou d'un verre de taille égale au diamètre de la verrine, découpez des disques de brioche.

Versez la crème au chocolat dans les verrines, saupoudrez d'une pincée de cacahuètes grillées.

Déposez un disque de brioche puis versez la crème au caramel et des cacahuètes.

Déposez un second disque de brioche et finissez par la crème à la vanille.

Décorez de billes chocolatées et de cacahuètes grillées.

Conseil : faites attention à ce que le diamètre des disques de brioche soit égal à celui des verrines pour que les crèmes ne se mélangent pas et que la brioche reste bien visible.

Verrines façon charlotte

Préparation : 40 minutes • Cuisson : 10 minutes • Repos : 3 heures
Difficulté : ★ Budget : ★

Pour 4 verrines

- **24 biscuits roses de Reims**
- **250 g de coulis de fraises**
- **100 g de sucre**
- **½ cuil. à café d'agar-agar**
- **30 cl de crème liquide entière**
- **125 g de fraises**

Coupez les biscuits aux deux tiers (selon la taille de vos verrines).

Diluez 50 g de coulis avec un peu d'eau. Trempez rapidement les biscuits dans ce coulis, placez-les sur les bords des verrines et ajoutez un morceau dans le fond.

Réduisez le reste des biscuits en poudre.

Faites chauffer le restant du coulis avec le sucre et ajoutez l'agar-agar. Portez à ébullition.

Montez la crème en chantilly et ajoutez-la délicatement au coulis tiédi.

Versez la mousse aux fraises dans les verrines jusqu'aux deux tiers. Étalez une couche de poudre de biscuits et terminez de verser la mousse. Laissez prendre 3 heures minimum au frais.

Décorez de fraises avant de servir.

Verrines light

Préparation : 20 minutes • Repos : 2 heures • Cuisson : 2 minutes
Difficulté : ★ Budget : ★

Pour 4 verrines

- **6 kiwis bien mûrs**
- **10 cl de jus de fruits sans sucre ajouté**
- **½ cuil. à café d'agar-agar**
- **400 g de fromage blanc à 0 % de matière grasse**
- **2 sachets de sucre vanillé**
- **130 g de crème liquide entière**
- **20 cl de jus de fruits rouges sans sucre ajouté**
- **1 sachet de gel à tarte**
- **125 g de groseilles**

Prélevez la chair des kiwis et réduisez-la en purée. Versez-la dans les verrines.

Faites bouillir les 10 cl de jus de fruits et ajoutez l'agar-agar. Laissez tiédir et ajoutez ce jus au fromage blanc ainsi que le sucre vanillé.

Fouettez la crème liquide en chantilly et ajoutez-la au fromage blanc. Versez cette mousse sur la purée de kiwis et laissez prendre au frais.

Chauffez le jus de fruits rouges et ajoutez le sachet de gel pour tarte (suivez les recommandations notées sur le paquet).

Équeutez les groseilles et disposez-les sur la mousse de fromage blanc. Versez le jus de fruits rouges tiédi.

Mettez au frais 2 heures avant de servir.

Verrines pâtissières

Préparation : 30 minutes • Cuisson : 20 minutes • Difficulté : ★ Budget : ★★

Pour 4 verrines

- **12,5 cl de lait**
- **1 gousse de vanille**
- **1 œuf**
- **25 g de sucre**
- **20 g de Maïzena**
- **50 g d'amandes**
- **3 cuil. à soupe de crème fraîche épaisse allégée**
- **8 amaretti**
- **20 cl de crème liquide entière**
- **20 g de sucre glace**
- **Fruits confits**

Faites bouillir le lait avec la gousse de vanille fendue en deux.

Battez l'œuf avec le sucre et la Maïzena. Ajoutez le lait bouillant après avoir retiré la gousse de vanille, prélevez toutes les graines à l'aide d'un couteau. Remettez sur feu doux et faites épaissir. Versez la crème obtenue dans un bol, recouvrez au contact de film alimentaire et laissez refroidir.

Faites griller les amandes dans un four à 210 °C (th. 7) pendant 5 à 10 minutes.

Ajoutez la crème épaisse à la crème pâtissière refroidie.

Émiettez les amaretti, concassez les amandes et ajoutez-les à la crème que vous versez dans les verrines. Placez au frais.

Montez la crème liquide en chantilly avec le sucre glace. Recouvrez la crème pâtissière de chantilly et décorez de morceaux de fruits confits. Placez au frais jusqu'au moment de servir.

Verrines pique-nique

Préparation : 10 minutes • Difficulté : ★ Budget : ★★

Pour 6 verrines

- **1 tranche de pastèque**
- **1 melon**
- **300 g de faisselle**
- **40 g de sucre**
- **Menthe**

Coupez la pastèque en cubes.

Prélevez des billes de melon à l'aide d'une cuillère parisienne.

Sucrez la faisselle.

Placez la pastèque dans 6 bocaux, puis les billes de melon et finissez par le fromage en faisselle et placez une feuille de menthe.

Fermez hermétiquement les bocaux et glissez-les dans le panier à pique-nique.

Verrines pralinées

Préparation : 40 minutes • Cuisson : 10 minutes • Repos : 2 heures
Difficulté : ★ Budget : ★

Pour 6 verrines

- **100 g de palets bretons au chocolat**
- **60 g de sucre**
- **18 noisettes**
- **100 g de pépites caramélisées**

Pour la mousse

- **25 cl de lait**
- **2 œufs**
- **50 g de sucre**
- **40 g de Maïzena**
- **50 g de Pralinoise**
- **250 g de crème fleurette**

Pour la sauce

- **100 g de chocolat pâtissier**
- **8 cl de crème liquide**

Répartissez les palets bretons cassés grossièrement dans le fond des verrines.

Pour la mousse : portez le lait à ébullition. Battez les œufs avec le sucre et la Maïzena. Ajoutez le lait bouillant. Remettez sur feu doux et faites épaissir. Versez dans un bol et ajoutez la Pralinoise. Recouvrez de film alimentaire au contact et laissez refroidir.

Fouettez la crème fleurette en chantilly et incorporez-la délicatement à la crème pralinée refroidie. Versez cette mousse sur les sablés et laissez reposer 2 heures au frais.

Pour la sauce : faites fondre le chocolat avec la crème liquide au four à micro-ondes, mélangez pour bien la lisser puis, quand cette sauce a tiédi, versez-la sur les mousses. Laissez refroidir.

Versez le sucre dans une petite casserole et chauffez jusqu'à obtention d'un caramel blond. Plongez-y les noisettes par 4 ou 5, enrobez-les de caramel et, à l'aide d'une fourchette, placez-les sur une feuille de papier sulfurisé sans qu'elles se touchent. Laissez durcir.

Au moment de servir, saupoudrez les verrines de pépites et placez 3 noisettes caramélisées au centre.

Verrines royale passion

Préparation : 1 heure • Cuisson : 10 minutes • Difficulté : ★★ Budget : ★★★

Pour 4 verrines

Pour le praliné feuilleté

- 100 g de Pralinoise
- 50 g de crêpes dentelle
- 20 g de pralin en poudre

Pour la mousse au chocolat

- 30 g de sucre
- 2 jaunes d'œufs
- 100 g de chocolat pâtissier
- 18 cl de crème liquide entière

Pour la crème passion

- 100 g de pulpe de fruits de la passion
- 2 jaunes d'œufs
- 30 g de sucre
- 30 g de Maïzena
- 50 g de beurre

Pour le décor

- Framboises
- Fruits de la passion

Faites fondre la Pralinoise au four à micro-ondes. Ajoutez les crêpes dentelle émiettées et le pralin. Mélangez bien et répartissez ce praliné dans les verrines sans trop tasser.

Faites bouillir 1 cuil. à soupe d'eau et le sucre. Versez ce sirop sur les deux jaunes d'œufs battus. Fouettez au batteur électrique jusqu'à ce que le mélange refroidisse.

Faites fondre le chocolat coupé en morceaux au four à micro-ondes 3 fois 30 secondes. Il doit être lisse et tiède. Ajoutez-le au mélange précédent.

Fouettez la crème en chantilly pas trop ferme et incorporez-la au mélange précédent. Répartissez cette mousse dans les verrines et laissez reposer au frais.

Dans un saladier mis au bain-marie, mélangez la pulpe de passion, 20 cl d'eau, les jaunes d'œufs battus, le sucre et la Maïzena diluée dans un peu d'eau. Faites épaissir en mélangeant constamment. Ajoutez le beurre coupé en dés et laissez refroidir.

Placez quelques framboises sur la mousse au chocolat et versez la crème passion sans qu'elle les recouvre totalement. Décorez de pulpe de fruits de la passion avec pépins.

Conseil : les pulpes, purées ou jus que vous trouverez sont plus ou moins sucrés, ajustez le sucre selon votre goût. Nous vous conseillons tout de même de peu sucrer cette crème pour contraster avec la mousse au chocolat.

Verrines toniques du matin

Préparation : 5 minutes • Difficulté : ★ Budget : ★

Pour 2 verrines

- **200 g de fromage blanc**
- **1 cuil. à soupe de miel**
- **1 banane**
- **30 g de müesli**

Mélangez le fromage blanc avec le miel.

Coupez la banane en rondelles et placez-les dans les verrines.

Versez le fromage blanc et saupoudrez de müesli.

Accompagnez d'un jus de fruit.